家庭・学校・社会
みんなに知ってほしい

育

について
工藤勇一先生に聞いてみた

工藤勇一 監修

Gakken

巻頭特集

一緒に見ていきましょう!

こんな教育していませんか?

あいさつができる子に育てたい

「しっかりあいさつができる子に育てたい」と考える保護者の方は多いと思います。学校でも授業開始の号令や給食の前後など、あいさつの指導はたくさんあります。ここで**注意したいのは手段の目的化**です。本来の目的が忘れ去られて、「大人の思う正しい行動」が押しつけられている様子をよく目にします。あいさつ指導はその典型です。

たとえば、多くの学校では朝のあいさつ運動を行っていま

す。保護者も「ちゃんとあいさつしなさい」とよく子どもを叱ります。その結果、あいさつをすること自体が目的になっていると感じます。あいさつは、良いコミュニケーションをとるための手段の1つにしかすぎません。あいさつをするという形よりも、コミュニケーションの中身や質のほうがよっぽど大切でしょう。

あいさつを例にとりましたが、**指導をするときは本来の目的を考えることが重要**です。実はその指導は必要がないかもしれませんし、もっと良い方法があるかもしれません。

たくさん教育しているから安心！

子どもの将来のためを思って幼少期から様々な習い事をさせる家庭は珍しくありません。10歳くらいまでの脳は非常に柔軟なので、いろんな体験をさせてあげたいものです。

しかしながら、保護者も教員も、子どもが望んでいなくても何でも与え、何でも手取り足取り教えていることが多いように思います。子どもは何も考えずとも、様々なサービスを受けられるようになっています。この状況を一言で言うと、**サービス過剰**です。その結果、子どもの自律が阻害されています。

日本は国際的な学習到達度調

査のＰＩＳＡ２０２２において、先進国の中でも上位でした。一方で、ユニセフが先進国の子どもの幸福状態を指数化した調査（２０２２年）をみると、日本は「精神的幸福度」において、38か国中37位とほぼ最下位でした。勉強はできていても、一番追い求めたい子どもの幸福から遠ざかっているのが現状です。

今は10年先の未来が予測できない社会です。子どもには**「自力で未来を切り拓く姿勢やスキル」が必要**です。そのためには、子どもが望み、主体的に決定したことをたくさん体験させてあげるといいでしょう。

トラブルを防いであげる

たとえば、公園で子どもを遊ばせるとき、上図のようなやりとりをしていないでしょうか。大人が子どもに代わって対応し、「ほら、遊んでくれるって。ありがとうは？」と行動をも決めてしまう。さらに、子どもが嫌な思いをしないように、トラブルを未然に防いであげ、トラブルが起これば代わりに解決してあげる。これらは、サービス過剰の典型です。**大人がすべきなのは、子どもに判断を委ね、トラブルを自分で解決できるよう支援すること**です。

　大人が何もしなくても、子どもは自発的に行動を起こしま

す。うまく言えずにけんかになってしまうかもしれないし、悲しい思いをするかもしれません。しかしながら、自分の道具を貸したり、もっと楽しい遊びを提案したり、そうした試行錯誤を繰り返すことで、上手な対話を学んでいきます。**トラブルを解決する力はトラブルを経験しなければ身に着かない**のです。

今、世界は多様化社会へ変貌しようとしています。異なる価値観、考え方の人が集い、対話によって違いを乗り越え、平和的に共存し、協同していく必要があります。そうした対話スキルは実践で学ぶしかありません。

家庭・学校・社会　みんなに知ってほしい
教育について工藤勇一先生に聞いてみた

目次

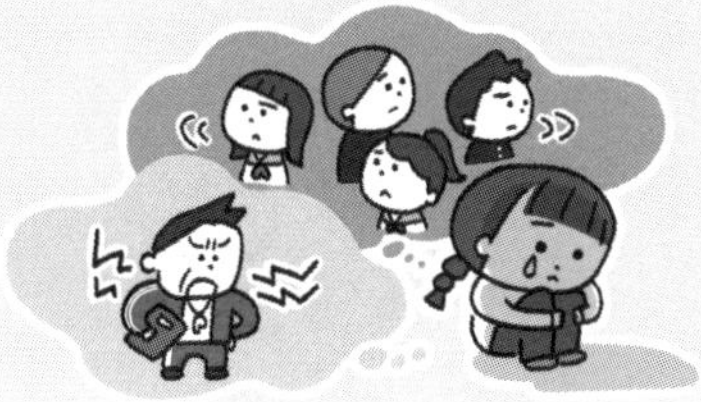

第2章 日本の教育の抱える大きな課題

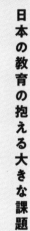

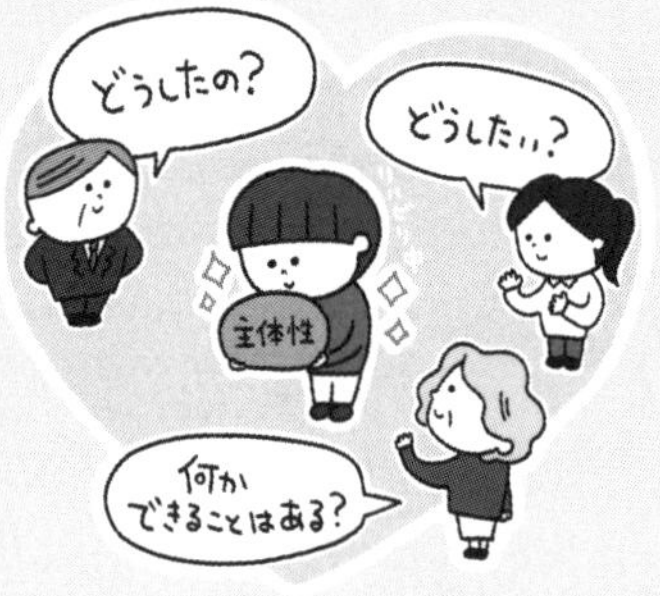
どうしたの？
どうしたい？
主体性
何か できることはある？

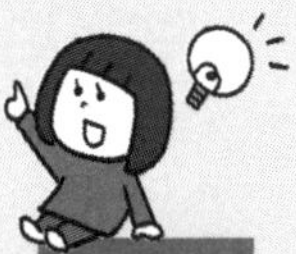

第3章 子どもが伸びるこれからの教育

第4章 幼児〜小学生における教育の疑問

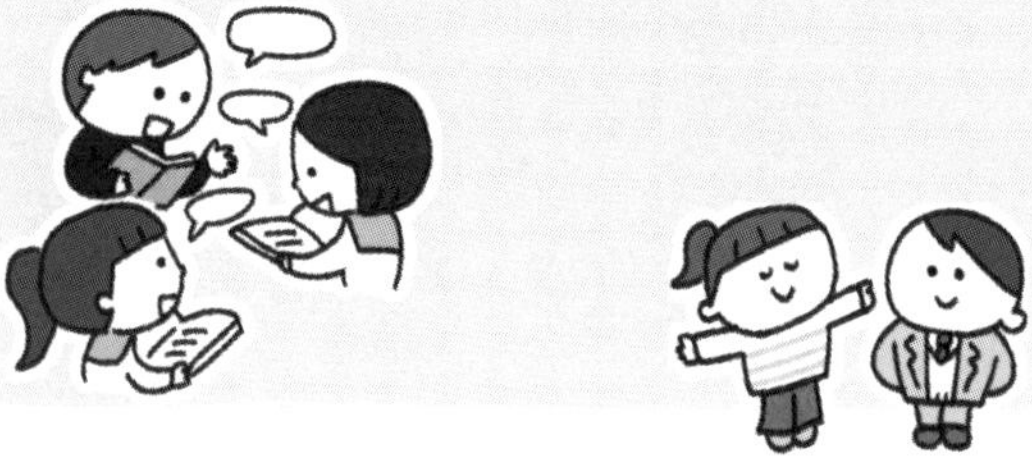

第5章

中学生〜高校生における教育の疑問

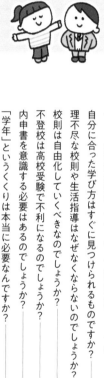

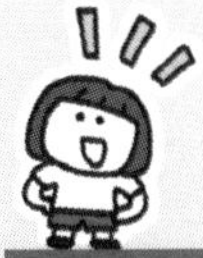

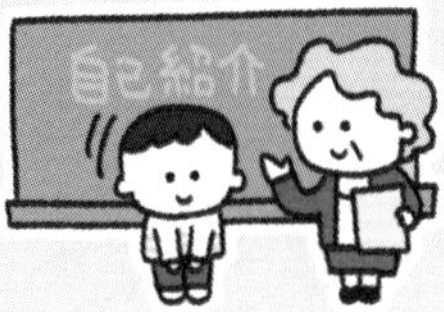

第6章 まだまだあります、教育の悩み

※本書の情報は2024年3月現在のものです。

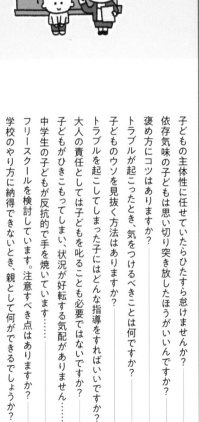

はじめに

教育に求められているものは？

教育を取り巻く環境はここ数年で大きく変わり、子どもにどんな教育をするべきなのか悩んでいる方は多いと思います。リモート授業、ＡＩ型教材、生成ＡＩなど、教育関係者ですら10年前には想像できなかった新しい学び方が次々と登場しています。

学校のあり方も問われるようになっています。小中学生の不登校は約30万人と過去最多（２０２２年）で、フリースクールやホームスクーリングの選択肢はもはや珍しくはありません。２０１６年に始まった「ネットの高校」Ｎ高等学校（Ｎ高）も、今や生徒数約２万７０００人（２０２３年12月末時点・Ｓ高との合算）と日本最大の高校に成長しています。

社会も激動期に入り、**これからの子どもたちは答えなき問いに挑んでいかないとい**

けません。ＡＩやロボットの発展もすさまじく、今の子どもたちが社会に出る10年後や20年後、どんな働き方をし、どんな生活を送っているのか誰も予測できません。濃霧の中を突き進むジェットコースターのような時代だからこそ、子どもの将来を案じることは自然なことだと思います。

結論から言えば、これからの教育に求められることは次の2軸だと考えます。

・子どもの主体性を伸ばすこと

・社会のつくり手の当事者であるという意識を育むこと

これを幼保教育の段階から教育のど真ん中に据えることが日本の喫緊の課題であると信じています。その他のキーワードとして「自律」「多様性」「個性・特性」「個別最適」「対話」「共存」「民主主義」といった言葉を本書では繰り返し使っていきます。

この本を手に取られた方の多くは「時代に合った教育内容はなにか」といったメソッド寄りの話に関心を持たれているかもしれません。そうした話題も大切ではあるものの、**まずは子どもが自分で考え行動できる自律した大人に育ってもらうことが先決。**自律さえできれば必要な知識やスキルはその都度学べますし、社会がどう変化しても自分で道を切り拓くことができるからです。

日本の教育は今の学校制度がつくられてから150年間、真逆のことをずっと続けてきました。画一的な教育、個人の意志よりも集団の調和を重んじる教育、学びの主導権を大人が掌握する教育などです。こうした教育が子どもの主体性と当事者意識を奪ってきた結果、受け身の大人ばかりになり、それが今の日本の閉そく感の原因になっていると感じています。社会に対して受け身であれば社会変化に怯えるのは当然のこと。私たちはむしろ社会を積極的にアップデートできる人材を育てるべきではないでしょうか。世界の教育立国は何十年も前からその方向に舵を切っています。

本書で指摘していく日本型教育の課題は多くの教育者や保護者が良かれと思ってやっていることです。すぐに受け入れられる話ばかりではないと思いますが、最後までお読みいただき、各自の教育観を客観的に振り返るきっかけになれば幸いです。

2024年4月

工藤　勇一

第 1 章

教育の最上位目的は「個人及び社会のウェルビーイング」

　教育を論じるときは必ず教育の最上位目的を考え、合意する。そのプロセスを経ないで各自の教育観や教育法を語っても、建設的な議論には発展しません。
「教育は何のため？」
　この問いからまず入っていきましょう。

教育の目的 1

なぜ教育が必要なのでしょうか？

POINT
これからの教育のあり方には世界標準の指針がある

みんなが自由で、みんなが幸せな社会を実現する

人類は、教育が普及したことで科学技術や経済が発展し、生活水準は劇的に向上しました。そんな現代において教育の課題となっているのは「自分さえよければいい」という利己主義です。暴力、人権侵害、環境破壊などの元凶です。核兵器などの科学技術が発達したため、利己主義は人類を滅ぼす可能性すらあります。

利己主義は人間の本能的な欲求です。だからこそ、**教育の力で理性的に乗り越える努力を続けることが不可欠**なのです。

世界中の教育関係者が議論を尽くしてまとめたOECD「ラーニング・コンパス2030（以下、ラーニング・コンパス）」では、これからの教育の目的は**「個人及び社会のウェルビーイング」**としています。これは、教育の最上位の目的と考えることができます。

利己主義の話と同様の考え方で、「個人のウェルビーイング」だけを追求すると対立が生まれ「社会のウェルビーイング」は実現しません。つまり、ポイントは「両立」です。

その**両立に欠かせないのが対話やコラボレーション。違いを認め、共通のゴールを見いだし、お互いに歩み寄る。**教育立国ではそうした姿勢や技術を教えることを教育の軸に据えて教育改革を進めています。

国連のSDGsのゴールも「Leave no one behind（誰一人取り残さない）」。みんなが自由でありながら、みんなが幸せな社会を目指すのが人類の使命です。

お答えしましょう！

OECDが掲げる「個人及び社会のウェルビーイングの実現」を最上位の目的と考えています。

■これからの教育の目的

ウェルビーイングとは「心身ともに幸福な状態、良好な状態」のことです。目指すのは教育による「個人のウェルビーイング」と「社会全体のウェルビーイング」の両立。

KEYWORD

ラーニング・コンパス2030 ……「OECD Future of Education and Skills 2030」プロジェクトの最終報告書の1つ。2019年に発表され、教育の指針が示された。

教育の目的 2

「個人及び社会のウェルビーイング」はどう実現するのでしょうか？

POINT

当事者として社会をよくしていこうとする姿勢とスキルを伸ばす

「主体性」と「当事者性」の大きな2本柱

ラーニング・コンパスでは「個人及び社会のウェルビーイング」を実現するためには生徒のエージェンシー（主体的に変化を起こす力）が欠かせないとしています。

さらに、エージェンシー獲得のために必要なコンピテンシー（資質・能力）として、①責任ある行動をとる力、②対立やジレンマを克服する力、③新たな価値を創造する力の3つが挙げられています。

私が校長を務めた横浜創英もこの方針に沿っており、教育方針は「『考えて行動のできる人』の育成」。在学中に身につけたいコンピテンシーとして少し言葉を変え、**①自律、②対話、③創造を掲げています**。

これらを踏まえた上で私の考える**今後の教育の2本柱は「主体性を奪わないこと」と「社会の一員としての当事者意識を育むこと」**。いずれも従来の日本型教育では重視されてこなかった、民主主義にもとづいている教育です。

主体性は子どもに自己決定の機会を増やすことで取り戻すことができます。また様々なトラブルを子どもに体験させることで当事者意識も育つでしょう。「個人」ではなく「社会の一員」としての責任を持ち、みんなが幸せになれるための課題解決の仕方を学んでもらうことが重要です。

この2本柱を実践する民主主義教育が「個人及び社会のウェルビーイング」実現の第一歩となります。

お答えしましょう！

主体的に変化を起こす力、具体的には、①自律、②対話、③創造の3つの力を育成することが重要です。

■エージェンシー獲得のための3つのキー・コンピテンシー

自律
・主体性を伸ばす
・人のせいにさせない
agency
対話
・トラブルに対処させる
・当事者意識を持たせる
創造
・答えのない問いに挑ませる
・慣習にとらわれないようにする

自律、対話、創造の３つを在学中に身につけられるようなカリキュラムを考えています。

KEYWORD

エージェンシー（agency）…… 自分の人生および周りの世界に対して、自らよい方向に影響を与える能力や意思を持つこと。

教育の目的 3

なぜ民主主義教育が大切なのですか？

POINT

民主主義は制度だけの話ではない

誰も置き去りにしない社会には教育の力が不可欠

社会において、民主主義の考え方はとても重要です。民主主義が未熟な社会では衆愚政治や専制主義に陥る傾向があります。その典型が選挙で合法的に生まれたナチスです。

民主主義は議会制民主主義のような制度的な「形」だけの話ではありません。だから、民主主義を目指すとき、どこかの国の制度を真似すればいいという簡単な話ではないのです。

民主主義の基本は誰も置き去りにしないことを最上位目的にして、**自分たちの社会をみんなでつくっていくこと**。主体性と当事者意識が民主主義には欠かせません。

民主主義を成熟させるためには対話と試行錯誤を続けることが重要です。そして、そのためには主体性と当事者意識を持った大人を地道に育成し続ける必要があるのです。

民主主義の先頭を行く北欧の例を見てみましょう。現在の女性国会議員割合は40％を超えていますが50年前は10％前後。今の日本と変わりません。このことは、民主主義教育に本腰を入れれば、時間はかかっても社会は変わることを表しています。

「民主主義」という言葉を聞くと政治が思い浮かぶ人もいるかもしれませんが、私がしたいのは「社会のあり方」の話。**教育とは少し先の未来をつくる行為**です。だからこそ、教育の細かい手段の話をする前に「どんな社会にしたいのか」という議論を避けて通るわけにはいかないのです。

お答えしましょう!

社会をみんなでつくるのが民主主義。その社会のつくり手を育てるのが教育の役割です。

■教育は未来の社会をつくる行為

諸外国の国会議員に占める女性割合の推移

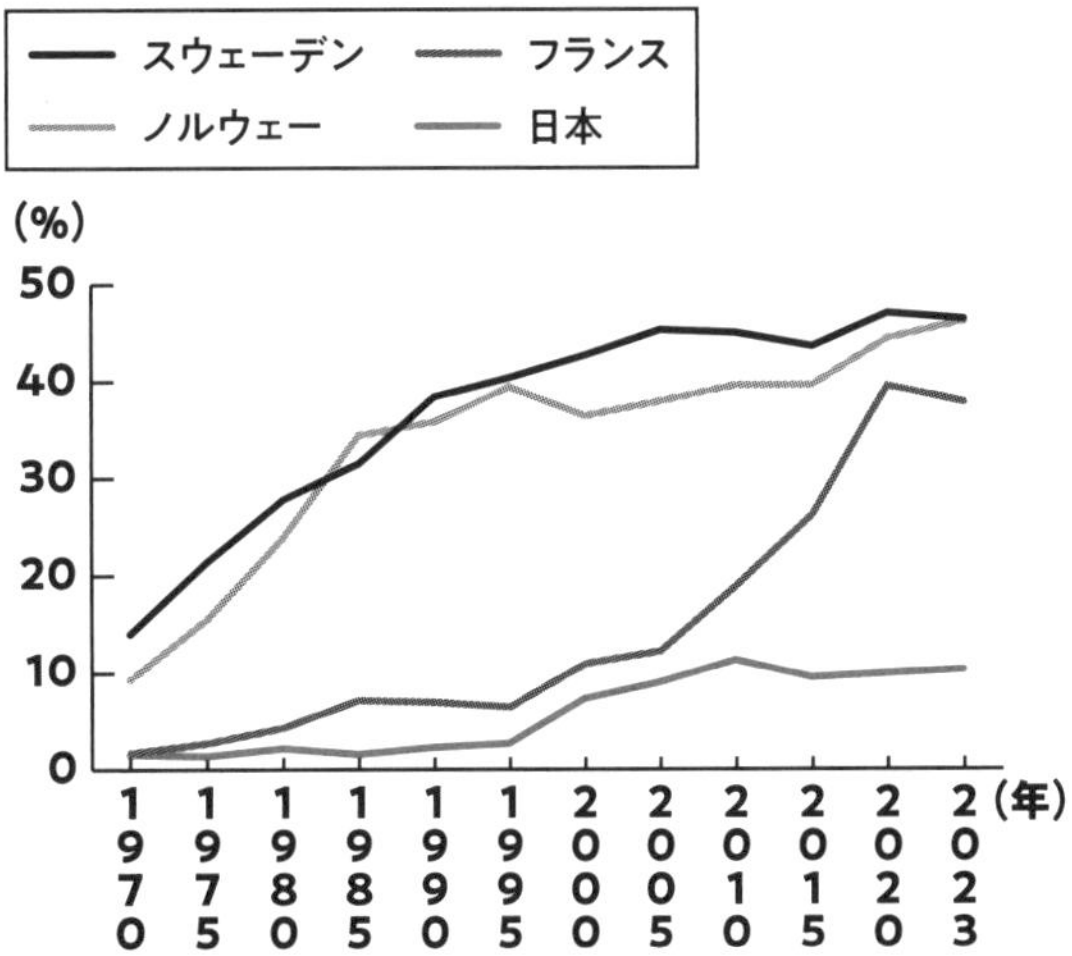

(出典)列国議会同盟資料(IPU)より作成
一院制又は下院における女性議員割合

民主主義国家の最先端を行く北欧諸国も50年前は今の日本と同じレベル。教育が変われば、時間はかかっても社会は変わります。

KEYWORD

衆愚政治や専制主義……衆愚政治は無知な大衆に政治が支配されていること。専制主義はすべての権力が特定の個人の手に集中すること。

教育の目的

4

学校では多数決で物事を決めていますよね？

少数派を切り捨てる多数決は民主的でない

教員向けの講演で「クラスで何か決めるときどうやって決めていますか？」と質問をすると、「多数決」という答えがほぼ１００％です。このことは、日本に民主主義が根づいていないことを象徴しています。もし、「多数決で生徒の意見を反映させている」と考えているならば注意が必要です。

多数決は民主主義の本質ではなく妥協の産物です。本来、多数決で動くのはどうしても妥協点を見いだせないときだけ。その場合も少数派の権利の考慮が必要です。しかし日本では妥協点を見いだす努力もせず、少数派をあっさり切り捨てます。

たとえば、文化祭の出し物が多数決でダンスになったとします。踊ることが苦手で他の出し物を希望していた子どもがいたとしても、日本の学校では「みんなで決めたことには従うよね」という同調圧力で動くので、嫌なことを強制させられる子どもが出てきます。

これを民主的に解決するには任意参加にする方法がまず１つ。「全員が楽しめること」をゴールとすると、**多数決に頼らず全員が納得できる企画を考え続ければいいだけ**。そのためには、周囲の大人が「たとえ意見が対立しても誰も置き去りにしない解決策がある」と、対話を支援しないといけません。

この際、特に重要なことは、子どもたちそれぞれの感情や気持ちをしっかりとコントロールさせることです。それができれば自ずと対話ができるようになっていきます。

POINT

多数決は民主主義の本質ではない

お答えしましょう!

「みんなで決めたことには従え」という発想は民主主義ではなく、誰も置き去りにしない解決策が必要です。

■多数決は「最善」の決め方ではない

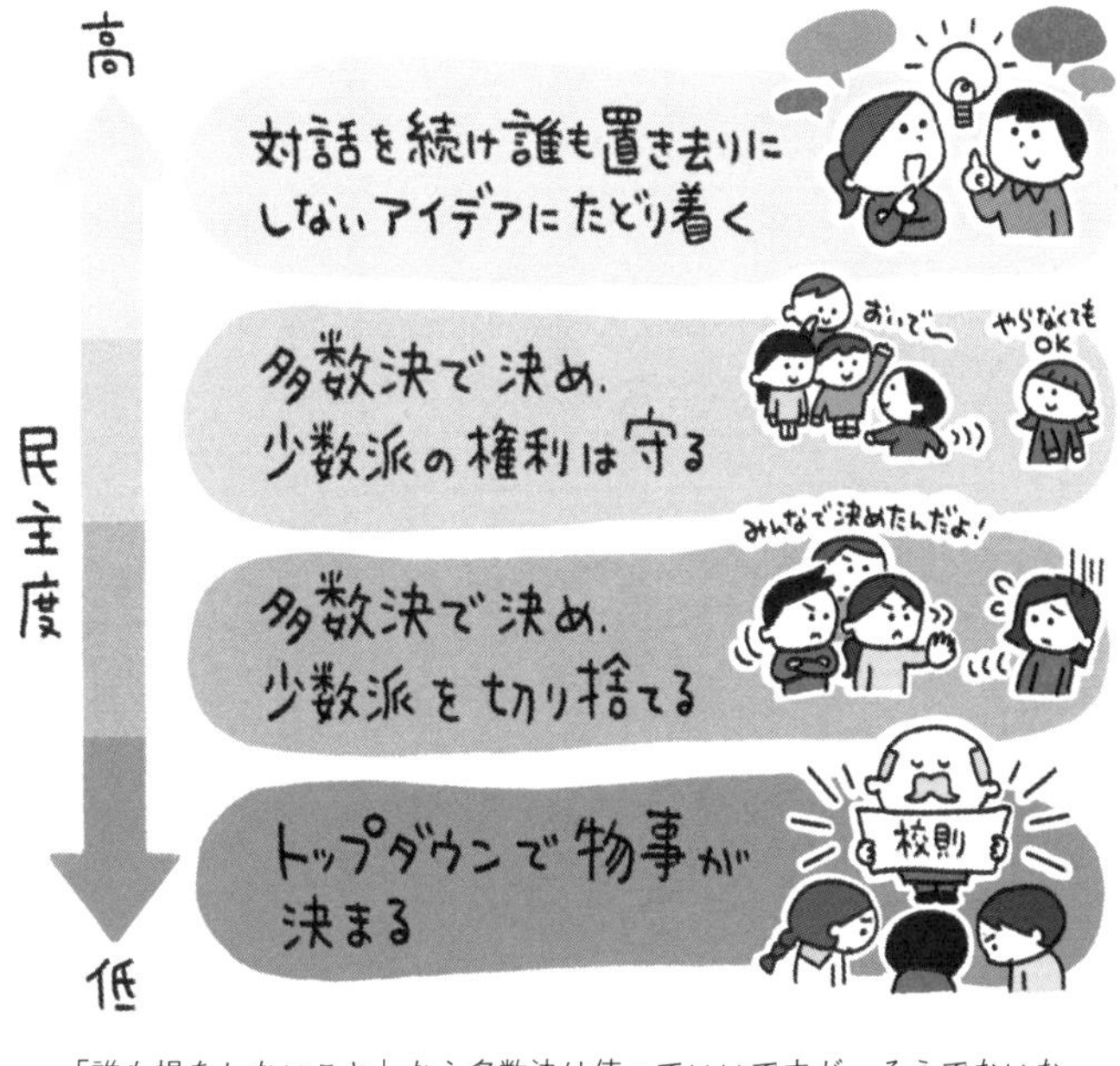

高
民主度
低
対話を続け誰も置き去りにしないアイデアにたどり着く
おいでー
やらなくてもOK
多数決で決め、少数派の権利は守る
みんなで決めたんだよ!
多数決で決め、少数派を切り捨てる
校則
トップダウンで物事が決まる

「誰も損をしないこと」なら多数決は使っていいですが、そうでないなら民主的な決定を促さなければなりません。

KEYWORD

多数決 …… どの案になっても誰も不利益を被らないイシュー(たとえばデザインを選ぶなど)には多数決を使ってもいい。そうでないなら可能な限り他の方法を探すべき。

教育の目的 5

そもそも勉強は自分のために行うものではないのですか？

「自分のための勉強」だけなら学校はいらない

1872（明治5）年の学制で近代的な学校教育制度がつくられたとき、政府は立身出世のための勉学を奨励しました。また、戦後は軍国主義への反動から「国のためではなく自分のために勉強しろ」と主張する教員が大勢いた時期もありました。

その影響もあるのか、**日本では「勉強は自分のためにするもの」というイメージが強い**と感じます。とくに日本の学力偏重のカリキュラムと受験制度がそこに拍車をかけています。「社会のための教育」ではなく、「個人のための教育」に重きを置いているのです。

しかし、**「個人のための教育」と「社会のための教育」は本来両立可能で、二項対立で考えることではありません。**

アメリカの大学入試では勉強しかしてこなかった人は評価されません。過去にどんな課外活動をして、これからどんな価値貢献ができそうなのか見極められます。かたや日本では勉強だけを頑張ってきて、社会の一員としての自覚ややりたいことがないという大学生がたくさんいます。これからは社会に目を向けて、社会の仕組みや課題解決のスキルを学び、社会にどんな価値貢献がしたいのか考える教育こそ大切です。

もちろん、**教育は子ども個人の未来のために行うものでもあります。自分の将来の選択肢を増やす**ためにも、学力を含め、それぞれの子どもが必要とする能力をしっかりと学ぶことのできる環境にしたいものです。

POINT
個人と社会の両立が大切

お答えしましょう！

個人のための教育と社会のための教育は両立可能。二項対立で考えることではありません。

■教育は誰のためのもの？

両立可能な２つ。個人のためと社会のため、どちらにも目を向けていくべきです。

KEYWORD

学制……日本の近代教育制度をつくった法令。明治政府が1872年に公布。これにより身分・性別に区別なく教育機会が与えられた。

教育の目的
6

学力向上を最優先しない教育などありえないのでは？

学力があっても、大人になると勉強をやめるのが日本

ラーニング・コンパスにおいて学力（認知スキル）は3大コンピテンシーを身につける手段の1つという扱いにすぎません。社会のつくり手を育てるには数値では表せない非認知スキルが重要であるからです。

しかし、日本の教育界はいまだに認知スキル重視で動いています。たとえば日本でよく話題になるOECDのPISA（国際学習到達度調査）。日本はランキング上位の常連でわずかな順位変動で一喜一憂するわけですが、そもそも**PISAは各国の「15歳時点の認知スキル」を調べているだけで、各国の教育制度を総合的に評価するものではありません。**

日本を含む、極端な学歴社会である東アジア諸国のように、子どもに無理矢理勉強させれば学力が上がるのは当たり前。**その結果、失われているものはこのランキングでは表れません。**

無理やり勉強をさせることで失われるものは探究の時間、心理的安全性などいろいろありますが、致命的なのが学びに対する主体性です。それさえあれば必要なときに自分の意思で勉強するのに、子どもの勉強に大人が干渉しすぎることでそれが奪われる危険があります。

それを象徴するのが2022年にパーソル総合研究所が行った大人の学習習慣の調査。日本人の大人がいかに勉強をしないかがはっきりと示されました。

学力向上が目的と化した結果、勉強しない大人が増える。これが正しい教育のあり方なのか再考が必要だと思います。

POINT

学力は身につけたいコンピテンシーの1つにすぎない

お答えしましょう！

目の前の学力を上げることより、学びの主体性を育み自分の意思で勉強できるようになることのほうが重要です。

■無理やり勉強させることで学びの主体性を奪っている

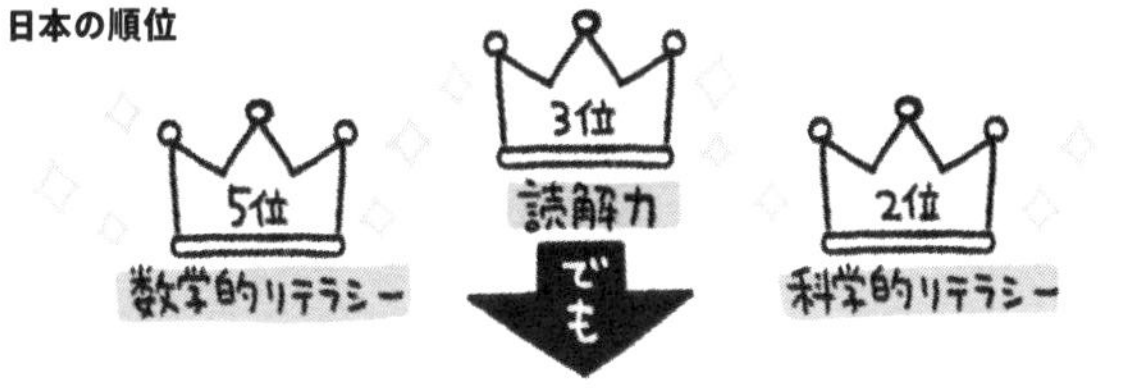

（出典）OECD「PISA 2022」

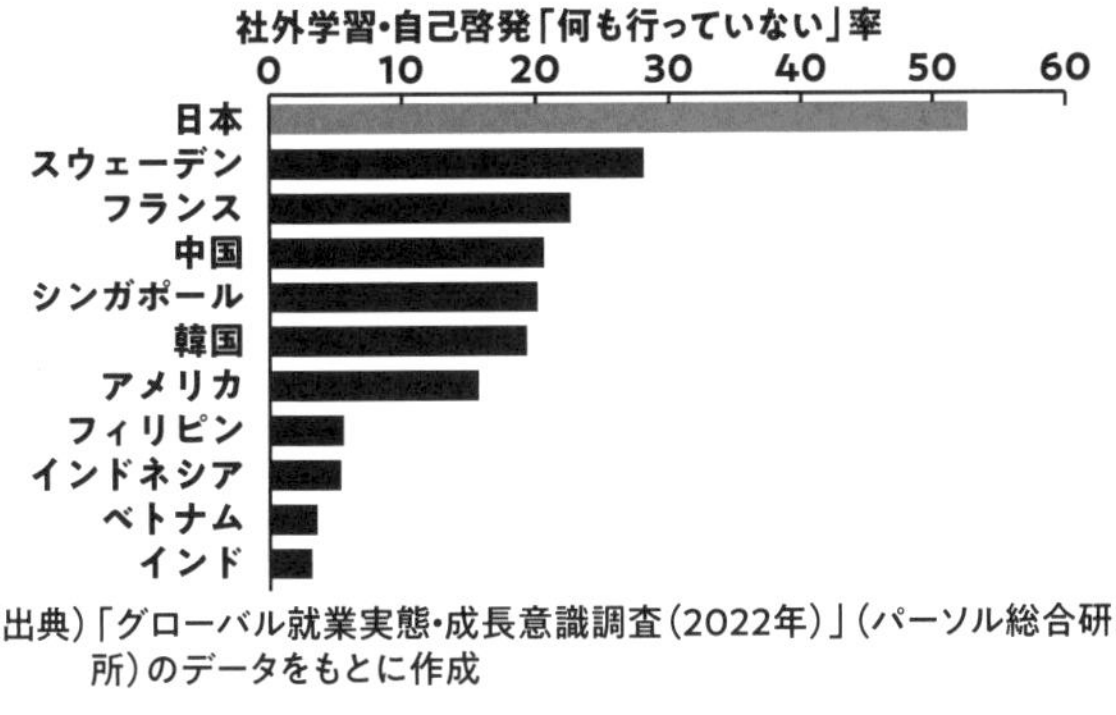

（出典）「グローバル就業実態・成長意識調査（2022年）」（パーソル総合研究所）のデータをもとに作成

15歳の時点で学力が高くても、大人になると勉強をやめてしまうのではよい話とは言えません。

KEYWORD

PISA …… 国際学習到達度調査。2002年度から実施の一斉詰め込み型教育からの脱却を目指した教育改革（通称「ゆとり教育」）も、PISAの順位低下が原因で頓挫した。

教育の目的

7

教育を考える上で一番はじめにすべきことは何ですか？

POINT

教育の最上位目的について議論が不足し、手段の目的化が多発

日本の学校教育は150年間まったく変わっていない？

日本の教育の見直しについて、年々注目が高まっています。新たな学習指導要領でも、従来の一斉詰め込み型授業を脱していく方向性が示されました。しかし、**全体で見れば日本の教育は明治以来、同じことを続けていると言わざるを得ません**。家庭、学校、社会のどこをとっても、教育の最上位目標に関する議論が足りていないからです。

そのため、教育を巡る議論は平行線となり、各自が自分の教育理念に従って教育を語るだけ。手段の目的化が多発し、子どもは振り回されています。

「子どもの主体性を伸ばそう」と主張する教員がいても、他の教員が「成績が下がったらどうする」「クラスの団結がなくなる」と意見を潰す。本来育てたい姿のためにあった知・徳・体の目標がいつの間にか最優先目標になる。こんなことが全国で起きています。

教育を行う上で、また、日本の教育が転換する上で最も大切なことは、**最上位目的で合意すること**です。私はOECDが掲げる「個人及び社会のウェルビーイング」を教育の最上位目的に据えています。

家庭内や学校内、家庭と学校などで、最上位の目的について議論をし、合意できていれば、教育の内容や指導方法はあくまで「手段」です。意見が食い違ってもお互いを尊重でき、目的に向けたよりよい「手段」を議論することもできるでしょう。

そうしてようやく、真に子どものための教育が始まります。

お答えしましょう!

家庭・学校・社会、皆が教育の最上位目的で議論をし、合意しましょう。

■教育改革が進まないのは最上位目的で合意できていないから

勉強は教室でするものだ!!
勉強する場所は関係ない!
服装の乱れは気持ちの乱れだ!
服装は個性の現れだ!
何のための教育?
誰のための教育?
どんな大人に育てたい?
「手段」の議論に結論は出ない
まずは最上位目的で合意をする

最上位の目的で合意ができれば、皆が同じほうを向いて議論することができます。

KEYWORD

手段の目的化…… 本来はある目的実現のために行っていたことが、いつしかそのこと自体が目的となってしまったもの。例：置き勉禁止、髪型の制限など

COLUMN 1

「他者の自由を侵害する自由」は断固として認めないのが民主主義

民主主義の特徴の1つは「思想や言論の自由」です。そのため、私が民主主義の重要性を伝えて従来の日本型教育の問題点を指摘すると、「日本型教育を選ぶ自由もあるから矛盾しているのでは？」と疑問を抱かれることがあります。

そもそも民主主義は自由そのものではありません。**民主主義とはみんなが自由に生きられることを目指して、お互いの自由を侵害しないことをルールにした社会をつくること。**民主主義を否定する思想まで自由にすると、当然ながら自由の侵害が止まりません。私立の学校なら管理型教育の学校や、学力向上に特化した学校、スパルタ的指導の学校があってもいいと思います。入学する学校を子どもが自分で選べますし、需要がなければ淘汰されるからです。

しかし、公立学校についてはそうとは思いません。子どもにとって選択権のない公立学校では、民主主義と逆行する教育を早急に変えていくべきでしょう。

自由の国として知られるフランスでは、公立学校における宗教的自由と民主主義が相容れないと考え、学校では民主主義を優先することとしています。具体的には、イスラム教徒の衣装アバヤや、十字架のペンダントの学校での着用を禁止しました。ＬＧＢＴＱの同級生をいじめた生徒を授業中に逮捕したことがニュースになったのもフランスです。同国でも議論は続いていますが、民主主義について真剣に議論を行っています。民主主義においては、**「自由を侵害するもの」に対して毅然とした態度で挑む必要があります。**

第 2 章

日本の教育の抱える大きな課題

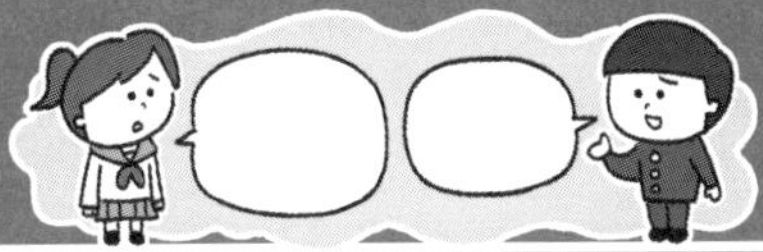

社会に根づいた慣習のうち、批判的に捉えられる機会がなかったものを「常識」と言います。しかし、「常識」は必ずしも「正解」とは限りません。

教育の最上位目的を基点に教育界の「常識」を見直してみると、多くの課題が潜んでいることに気づきます。

先生にはもっと我が子に合った指導をしてもらえないでしょうか？

POINT
教員に必要なものは指導力ではなく自律を促すコーチング力

「教員頼み」は主体性と当事者意識を奪っている

いかにわかりやすい授業をし、いかにクラスをまとめられるか。教員育成ではこうしたことが目標にされ、それはそのまま「いい先生」の指標にもなっています。

しかし、こうした「教員頼み」の発想になっていること自体、日本の教育が受け身になっていることを象徴しています。

先生に、我が子のための細やかな指導や、トラブルの完璧な仲介を求めていませんか。先生がすべきことは、細かい指示を出さずに子どもが自分に合ったペースと学び方を見つける手助けや、トラブルが発生したら子どもたち自身で解決するよう促すこと。こうした**子どもの自律を促す仕組みやコーチング技術が大切**です。これは家庭でもまったく同じことがいえます。

日本の教育界で起きていることを一言で表現すれば**「サービス過剰」**です。過剰なサービスを受け続けると人は慣れます。自己解決することも感謝の気持ちも忘れ、いずれサービスの量や質に不満を言うでしょう。そして最終的に起こるのは、「こうなったのは先生（親）のせいだ」とうまくいかないことを人のせいにすること。このことが日本中の学校で起きています。

日本の学校では教員不足が大問題になっていますが、その根本原因は過剰なサービスの提供に教員が疲弊しきっていることです。それが子どものためになっていれば救いはありますが、実際には事態を悪化させるだけで、誰も得をしていないという悲しいことが起きています。

お答えしましょう!

教員のサービス過剰が生徒の主体性と当事者意識を奪っています。

■サービス過剰な教員

教員は求められる過剰なサービス提供に疲弊しています。教員の役割を見直していく必要があるでしょう。

KEYWORD

サービス過剰……やりすぎな教育。教員への負担に加え、子どもの自律に必要な資質やスキルの習得機会も奪ってしまう。

日本の伝統的な教育文化も守るべきではないでしょうか？

ヨーロッパの軍事教育を参考にして日本の学校制度はつくられた

号令や運動会などは日本の伝統だと思っている人が多いかもしれません。しかし、**江戸時代にはまったくなかった**ものなのです。今の日本の学校教育の原型は、明治政府が学校制度をつくったときに参考にしたヨーロッパの軍事教育にあると言われています。

考えてみると、整列や行進は軍隊そのもの。「ぜんたーい止まれ」の掛け声は「全隊止まれ」の意味です。「起立、気をつけ、礼、着席」もすべて命令形です。そして、教員による体罰もこのとき導入されたという説もあります。性悪説に立つキリスト教では子どもに宿る悪を叩き出すために体罰が必要だと考えるからです。日本初の運動会もイギリス将校の助言のもと海軍兵学校で始まったものですし、運動会では相変わらず軍歌のBGMが流れているところさえあります。組体操もヨーロッパで軍事教練の一環で普及したものです。「体育座り」も捕虜が逃げづらくするために使われた姿勢と言われています。

軍事教育は各自の主体性を奪い、命令に従う兵士を育てるためのもの。こうした教育が時代の要請から生まれたことは否定しませんが、それをいまだに公教育で続けているのが日本なのです。

このように、**「伝統」と思われているものが日本古来の文化でないことはよくあります**。伝統にしばられるのではなく、その指導の目的や文化の背景に目を向けるようにしましょう。

POINT
伝統の言葉を鵜呑みにしてはいけない

お答えしましょう！

近代以降に輸入された「伝統」にしばりつけられる理由はありません。

■日本の学校にいまだに残る軍事教育・戦争由来の習慣

こうした教育法が時代の要請から生まれたことは否定しません。戦後78年経った今でも「何の疑問もなく続いていること」が問題です。

KEYWORD

軍事教育……軍の命令に従うように施された教育。管理的で集団の規律や同質性を重んじる。

うちの子は自分では何も決められません！

POINT

子どもの自律の支援ができるのは自律した大人だけ

主体性と当事者意識の欠如は大人にも言えること

人のせいにばかりするのは子どもだけの問題ではなく、日本社会全体の課題です。

たとえば憲法改正の議論について考えてみましょう。

もし国民の大半が「社会は自分たちでつくるもの」という主体性と当事者意識を持っていれば、社会のルールの大本となる憲法はもっとオープンに議論され、変化していくのが自然なはずです。国立国会図書館の調査によると、戦後に諸外国で憲法改正が行われた回数はアメリカ6回、カナダ19回、フランス27回、ドイツ67回、中国10回、韓国9回。もちろん日本は0回です。しかも日本国憲法は日本人がつくったわけでもありません。「改悪の危険」があることも事実ですが、だからといって改憲・護憲の二元論にとどまり、「どう変えるか」という議論をしないのは寂しい話です。

これからの日本は財政的にも経済的にもますます厳しい状況に追い込まれます。社会の各方面で痛みを伴う改革、新しいルールづくりが必要です。

そのルールづくりをトップダウンに委ねるのではなくみんなで議論を尽くし、少しずつ痛みを分け合わないと対立と要求がエスカレートするばかりで抜本的な改革が進みません。

子どもの自律を支援できるのは自律した大人だけです。子どもは大人の言動をよく見ています。私が学校改革で最初に着手するのも教員の意識改革であり、時間が許す限り講演をしたり本を書いたりするのも大人の意識を変えてもらうためです。

お答えしましょう!

大人がそうだからです。子どもは大人の言動をちゃんと見ています。

■憲法改正の議論すらタブー視する日本

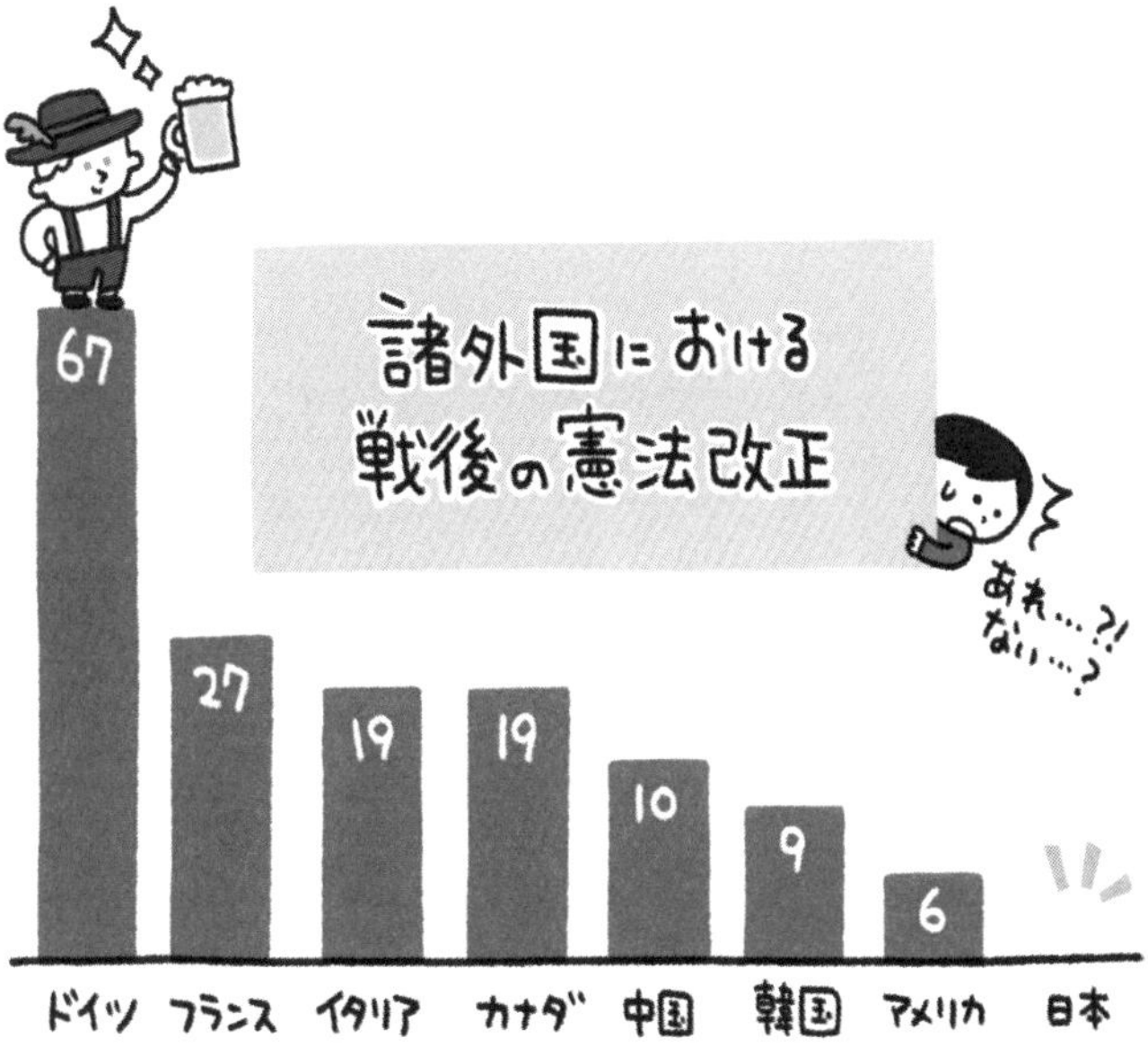

(出典)「諸外国における戦後の憲法改正　第8版」(国立国会図書館)

みんなで社会のルールをつくるのが民主主義。「変える・変えない」で議論するのではなく「どう変えるか」で議論すべきではないでしょうか。

KEYWORD

二元論……議論を「AかBか」に単純化すること。構図としてわかりやすいが議論が発展しづらい。

日本の民主主義のレベルは低いのですか？

POINT
日本の低い投票率が主体性と当事者意識の低さを示している

「国や社会を変えられる」と考える若者が20%もいない現実

日本の教育行政の大本となる教育基本法第1章第1条（教育の目的）には「平和で民主的な国家」を目指すとありながら「心身ともに健康な国民の育成」という文言があります。この時点で生まれつき体の弱い子どもに対する配慮が足りません。

研究機関のＥＩＵが発表している民主主義指数２０２２年度版では日本は世界16位で「完全な民主主義」に分類されています。しかしながら２０１９年まで5年連続で「欠陥のある民主主義」に分類されており、まだまだ課題は多いのです。

指数を下げている一番大きな要因は「政治参加」。日本では国政選挙ですら投票率が50％前後で、先進国とは思えない数値です。**大人がこのありさまですから若者の当事者意識も低く、**日本財団が２０１９年に行った「18歳意識調査」では、「自分は責任がある社会の一員だと思う」と答えた日本の若者は44・8％と半数以下。さらに、「自分で国や社会を変えられると思う」と答えた若者はたったの18・3％。「お上に従え」という教育の結果です。

第1章で言いましたが、学校の一方的な押しつけや多数決によって物事が決められる日本の教育は民主的とは言えません。日本中の学校や家庭が**教育のあり方を見直し、子どもの主体性を伸ばすことと当事者意識を育む**ことに注力すれば社会に対する関心が高まり、この数値は間違いなく上昇します。

お答えしましょう!

日本人の主体性と当事者意識の低さは、データによってはっきりと表れています。

■若者の主体性と当事者意識が極端に低い日本

	自分を大人だと思う	自分は責任がある社会の一員だと思う	将来の夢を持っている	自分で国や社会を変えられると思う	自分の国に解決したい社会課題がある	社会課題について、家族や友人など周りの人と積極的に議論している
日本	29.1%	44.8%	60.1%	18.3%	46.4%	27.2%
インド	84.1%	92.0%	95.8%	83.4%	89.1%	83.8%
インドネシア	79.4%	88.0%	97.0%	68.2%	74.6%	79.1%
韓国	49.1%	74.6%	82.2%	39.6%	71.6%	55.0%
ベトナム	65.3%	84.8%	92.4%	47.6%	75.5%	75.3%
中国	89.9%	96.5%	96.0%	65.6%	73.4%	87.7%
イギリス	82.2%	89.8%	91.1%	50.7%	78.0%	74.5%
アメリカ	78.1%	88.6%	93.7%	65.7%	79.4%	68.4%
ドイツ	82.6%	83.4%	92.4%	45.9%	66.2%	73.1%

(出典)「18歳意識調査　国や社会に対する意識調査」(日本財団)

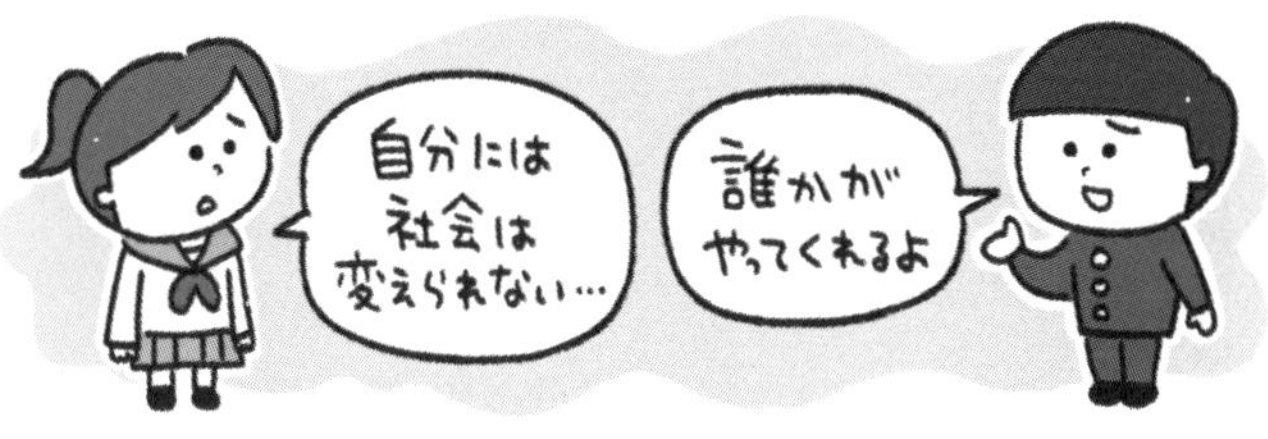

このデータが示すのは、多くの日本人が「国や社会のことは誰か（他の大人）がやってくれるだろう」と考えているということ。この状態のまま日本社会がよくなっていくわけがありません。

KEYWORD

民主主義指数……エコノミスト誌傘下のEIUが毎年発表。選挙過程と多元性、政府機能、政治参加、政治文化、市民の自由度の5部門で評価。

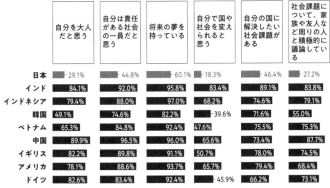

日本の教育の課題 5

受験戦争を勝ち抜き一流大学に入り一流企業で働くことは悪いのですか？

POINT

学力より生きる力を身につけたい

従来の「教育の成功モデル」が通じない時代へ

子ども時代は自分の興味を探求したり、遊びを通して社会を学んだりする貴重な時間です。その時間を犠牲にして塾に通い、高偏差値の学校に入り、大企業に就職して安定した生活を送る。これが日本では長らく「教育の成功モデル」だったわけですが、さまざまな前提が変わりつつあります。

そもそも日本で「一流大学から一流企業へ」という進路が成功とされてきたのは、日本企業が強かったから、年功序列と終身雇用で安定した生活が約束されていたから、選考時に学歴が重視されたから、といったそれなりの理由があったからです。

しかしながら、現代においては「名門進学校に入れないと人生がしぼむ」といった考え方は一部の大人による洗脳です。そこに固執しては、子どもには悪影響しかありません。

もちろん、自分がやりたいことのために特定の大学や企業を目指すことは素敵なことです。**そこに入ることが目的化することが問題**だと言いたいのです。

そもそも、幸せのあり方は多様化しています。**これからの社会で子どもを支える生きる力となるのは、自分で考え行動できる主体性**であり、社会の抱えるさまざまな課題を解決する姿勢や経験を通して身につけた再現性のあるスキルを持っていることです。

大学受験に重きをおき、18歳での学力をピークにもっていくことが教育の目的だと大人が勘違いすると、その生きる力を奪う危険があります。

お答えしましょう!

悪くはありませんが、幸せになる方法はほかにいくらでもあることも教えてあげましょう。

■前提が崩壊している「教育の成功モデル」

多様化した現代社会において、これをしておけば成功というものはありません。自分で未来を切り拓けるようにする必要があります。

KEYWORD

塾……塾に通う小学生の割合は、公立で小1が26.9%、小6が51.4%。私立で小1が66.4%、小6が78.3%(文部科学省「子どもの学習費調査　令和3年度」より学習塾費を支出している割合を塾に通う割合とする)。

不登校はなぜ増えているのでしょう？

学校が子どもの居場所づくりを怠ってきたから

2022年度の小中学生で不登校状態にある子どもは過去最多の約30万人。1クラスに一人はいる計算です。不登校問題は私が教員になったころからいわれていますが、なかなか改善されてきませんでした。

不登校の原因はいろいろあります。1つの原因としては主体性と当事者意識を奪う教育をしているために子どもが小さなトラブルを自己解決できず、苦しんでいるということがあるでしょう。しかしながら、不登校増加の一番の理由は、学校に多様性を受け入れてくれる**居場所がないから**です。

まず、日本の公立校は学校選択の余地がありません。そして、あらゆることが担任単位、学級単位で進むので、そこに適応できない子どもは弾かれます。さらに学習内容も学習方法も一律なので、学習に苦労する子どもが出てきます。

学校の選択肢を増やす、学年・学級の縦割りをやめる、多様な学び方を許容するといった改革だけでも居場所づくりはできます。居場所づくりをせずに学校へ戻そうとすることは無責任でしょう。

そもそも、「不」登校と言いますが、登校することはそんなに大切なのでしょうか。近年は世間での多様性の理解が進んでいる上に、ＡＩ教材やリモート学習、フリースクールなど学校外で学びを続けられる環境が揃いつつあります。**まずは子どもの居場所をつくり出すことが最優先**です。

POINT

学校外で学びを続けられる環境が揃いつつある

お答えしましょう！

多様性が受け入れられず、学校に行けない子どもの居場所がつくれていないからです。

■今や1クラスに一人が不登校

不登校児童生徒数の推移

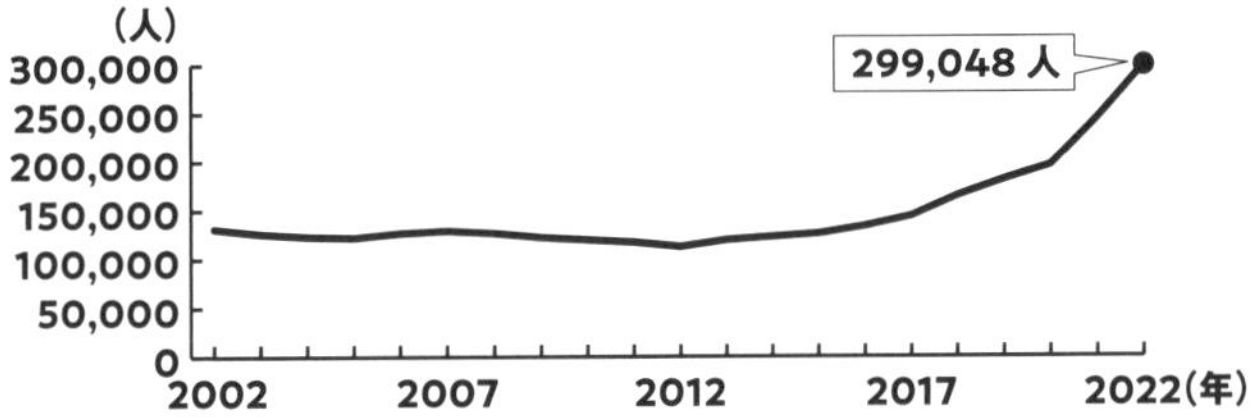

(参考)文部科学省「児童生徒の問題行動・不登校等生徒指導上の諸課題に関する調査」のデータをもとに作成

子どもの居場所がないことが、この問題の大きな原因です。

KEYWORD

学校選択……一部自治体で導入している「学校選択制」は第一歩にすぎず、学校の定義を緩和し個性的な学校が出てくることが理想。

うちの子は自分の嫌いなところばかりが目につくようです……

POINT

自己肯定感を高める方法は自己決定をさせること

自己決定の場があまりにも少ないから

日本の若者の自己肯定感、幸福感が低いことは、大きな課題です。2018年の内閣府調査によると、自分に満足していると考える若者（13〜29歳）の割合は欧米諸国が80%前後なのに対し、日本は約45%でした。

また、ユニセフが2020年にまとめた「イノチェンティ『レポートカード16』」によると日本の若者の精神的幸福度は調査対象国38か国中ワースト2位となっています。

では、なぜ日本の若者の自己肯定感や幸福感は低いのか？　それは自己決定する場があまりにも少ないからです。何でも大人が指示を出し、うまくできないとダメ出しをされる。個性を否定され、他者と比較され、周囲と同じように振る舞うことを求められる。このような環境で育って自己肯定感が高まるわけがありません。

自己肯定感は「自分で自分を褒められるようになること」で高まるもの。そのためには自分で考え、試行錯誤を経て目的を達成するという成功体験をさせることが重要で、再三言っている主体性を奪わないことと当事者意識を育むことが肝心です。

自己肯定感を高めるには「とにかく褒めればいい」という風潮がありますが、過度に褒めると結局は外部評価に依存しやすくなるので注意が必要です。

「できるだけ自己決定させる」「否定しない」「成長を温かく見守る」といったことが意識できていれば十分。**褒めるときはその子が自分なりの努力で成長できたことを褒めてあげましょう。**

お答えしましょう！

自己決定の場を増やして成功体験を支援することで、自分で自分を褒められる子どもを育てましょう。

■自己肯定感を高めるサイクル

自己肯定感を高めるには、自己決定とその成功体験が大切。大人はそれを支援してあげましょう。

KEYWORD

精神的幸福度……生活満足度と自殺率で計算。調査国38か国中日本は37位。１位オランダ、２位キプロス、３位スペイン。

協調性や和を貴ぶ心は日本人の美徳ではないでしょうか？

POINT
情緒に頼っていては「誰も置き去りにしない」は実現しない

対立は必ず起きる。それを理性でどう乗り越えるかを教える

日本の教育現場では「和」「協調性」「仲良く」「一致団結」「絆」といった言葉がよく使われます。きょうだいやクラスなど、あるコミュニティの中で和を重んじることを幼児教育の段階から叩き込みます。「和」はもちろん大切なことだと思いますが、**問題はその「和」をどう実現するか**です。

日本の学校教育で重視される「和」は、子どもたちに「対立してはいけません」と圧力をかけることで実現を目指します。だからけんかはしてはいけないし、勝手な行動をとることも許さない。たとえばみんなで共通の目的に向かって行動しないといけないとき、「協調性」を重視する大人は「心をひとつに」と言います。

しかし、不特定多数の人が集まれば、軋轢や対立は必ず起きるもの。子どもたちに「和」を強要する大人も、それをよく知っているはずです。共通のゴールが達成できるなら、心もプロセスもバラバラでも構わないはずです。

誰も置き去りにしない本当の「和」を実現するには、「対立は起きるもの」「考え方や価値観はみんな違うもの」という前提で、平和的に共存する方法を、理性的に考えるしかありません。

子どもたちに教えたいのは空気を読んで調子を合わせる「協調性」ではなく、**同じ目的に向かって多様な人がコラボレーションをはかる「協同性（協働性）」**ではないでしょうか。

お答えしましょう!

「心をひとつに」は難しくても「ゴールをひとつに」なら目指せます。

■「協調性」と「協同・協働性」の違い

みんなが同じ道（考え方）で目的に向かう「協調性」よりも、目的に向かって様々な道（考え方）が共存する「協同・協働性」が大切です。

KEYWORD

協同・協働…… 意味はほぼ同じ。学習指導要領では「協働」。保育所保育指針・幼稚園教育要領では「協同」という言葉が使われている。

部活動は何のためにあるのですか？

POINT
部活は楽しむことが目的

何のために部活があるのか、議論を重ねていく必要がある

夏の甲子園で繰り広げられる様々なドラマ。私も毎年楽しみにしています。とくに2023年の夏は「脱坊主」「主体性重視」の慶應義塾高校が全国制覇を果たしたことで新しい風を感じた方も多いでしょう。しかしながら、甲子園大会の根本的な意義を考えると、違和感を覚えざるを得ないのです。現在の**この大会のあり方は日本型教育の象徴**でもあると感じています。

欧米諸国の若年層を対象にした部活では「全国大会の廃止」と「トーナメント方式の廃止」が大きな動きとなっています。なぜなら**部活は勝ち負けにとらわれず、その競技を生涯楽しむ基礎をつくる**ためにあると考えられているからです。負けたら終わりの環境で身につく精神力や強いチームの発掘よりも競技をする楽しさそのものに重きが置かれているのです。

日本でも全日本柔道連盟が小学生の全国大会を廃止する英断を下しています。勝ち負けにこだわるなと言いたいわけではありません。部活動を通して学んでほしいことを第一に考えることが大切なのです。

ニュージーランド在住の方から聞いた話では、1つの学校に複数のラグビーチームがあり、レベルの異なるリーグに分かれ、全員が試合に出られる仕組みになっているそうです。皆に競技の楽しさを知ってもらう工夫ですね。

部活のあり方は、今一度、その目的から見直されるべきなのかもしれません。

お答えしましょう！

その競技・活動を生涯楽しめるようにするためです。勝ち負けばかりにとらわれないようにしましょう。

■何を重視するかで大会のあり方は変わる

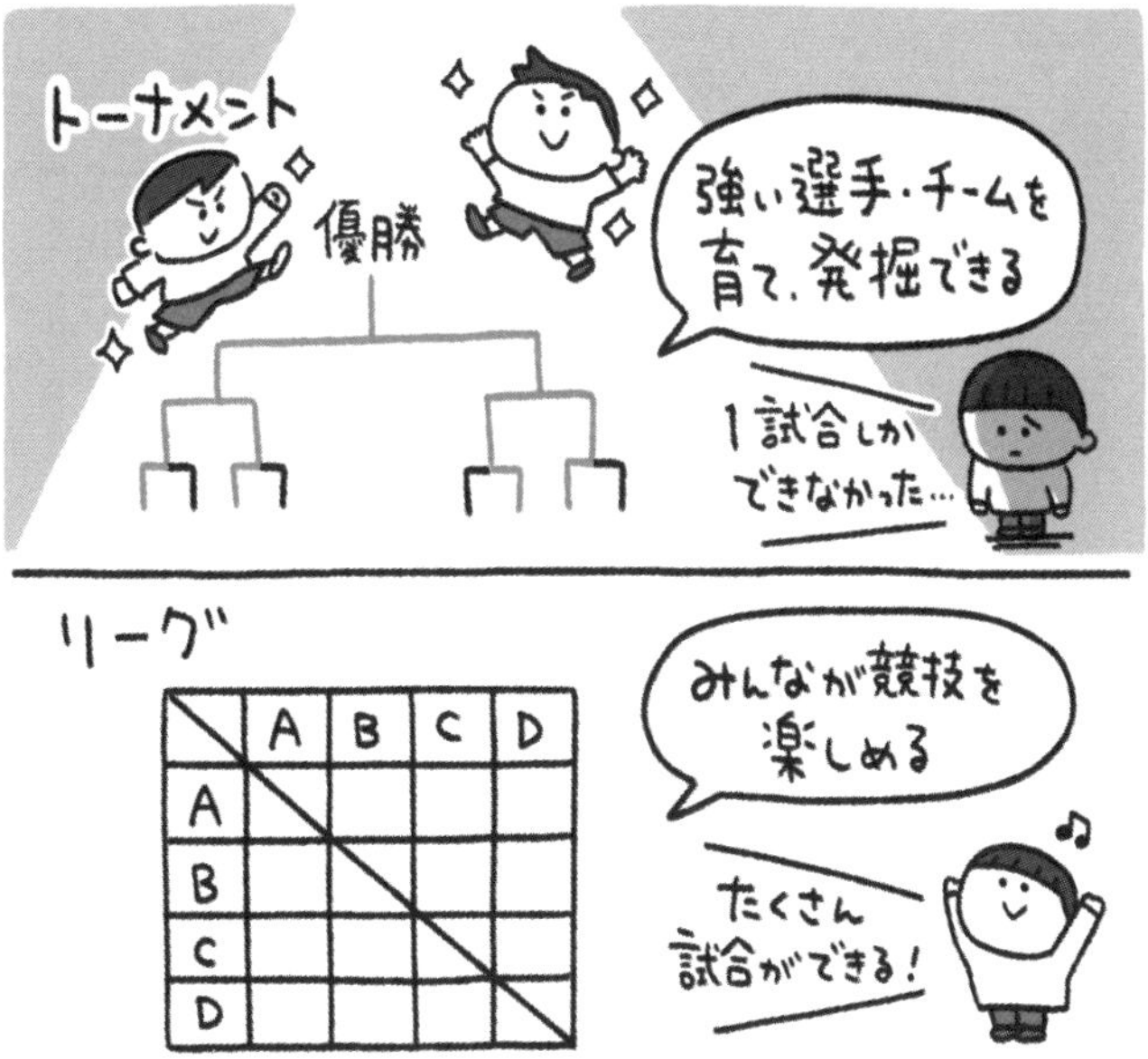

みんなが競技を楽しめることが目的なら、リーグ戦のような形式が合っているでしょう。

KEYWORD

全国大会……部活動のトーナメント方式での全国大会の起源は1915年に開催された高校野球（全国中等学校優勝野球大会、朝日新聞社主催）。

COLUMN

2 なぜ日本の教育は変革のタイミングを逃してきたか

50年前に民主主義教育に本腰を入れた北欧諸国と150年間、教育が変わらない日本。その違いを生んだ理由は人口増加にあるのかもしれません。

日本の人口は150年間で約4倍も増えています。人口は労働力、市場規模、税収源でもありますから、日本は中央集権的に拡大路線をとっていれば企業も国家も成長できました。何をつくっても売れ、賃金も上がり、民主的とは言えない仕組みがあっても何となく幸せ。それが改革の機運をそいでいたと思います。実際、これまでの中国や今のインド、ブラジルなど人口増を背景に急成長している国では民主化は遅れています。

しかし、そんな日本もついに人口が減少し出し、今までのやり方や常識が通用しなくなっています。たとえば、技術力が売りの国内の産業は衰退しています。今の状態を放置すればいずれ危機的状況になり改革は起きるはずですが、そうなる前にみんなで新しい社会をつくることを目指したいものです。日本の教育改革はまったなしです。

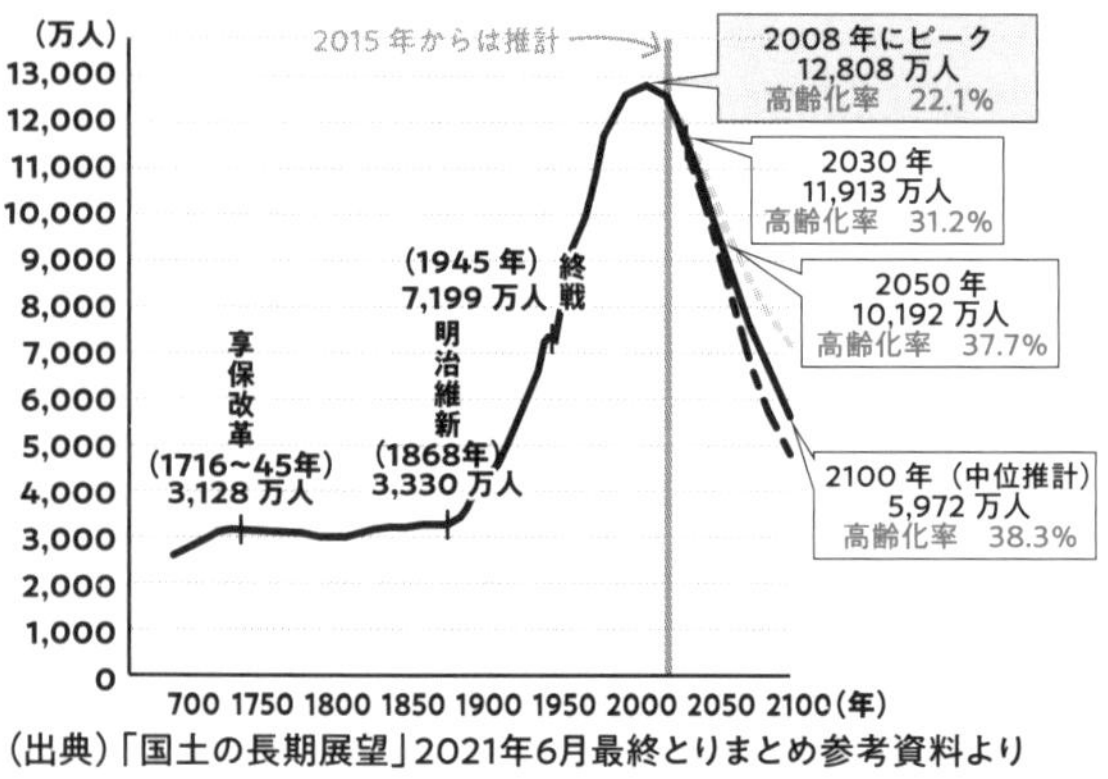

(出典)「国土の長期展望」2021年6月最終とりまとめ参考資料より

第 3 章

子どもが伸びる これからの教育

「教育」を意味する英語のエデュケーションの語源は「内なる能力を引き出すこと」。つまり、どんな能力を引き出すかは子どもによって異なるはずです。
「どんなことを教えるか」よりも、「どんな才能を引き出すか」を意識してみましょう。

主体性を取り戻す教育とはどんなものですか？

POINT
「自分で考え行動できる人材」を育てるには自分で考え行動させればよい

学校や家庭で自己決定の機会をできるだけ増やす

主体性とは自発的な意思に基づき動くこと。それは誰でも生まれつき持っているものです。しかし、成長していく中で周囲の大人に行動を制限されたり、命令されたりするたびに少しずつ主体性が奪われていきます。しかも、主体性を失うほど周囲への依存心が強まります。なんでも環境や人のせいにする思考回路も依存心そのもの。依存した状態から引き剥がさないといけないため、主体性を取り戻すことは簡単ではありません。しかし、方法はあります。

主体性を取り戻すには、**大人が口や手を出すことを控え、子どもたちに自己決定の機会を増やす**ことです。テストで悪い点を取ったらどうすればいいか自分で考える。同級生とケンカをしたらどうすればいいか当事者で考える。

子どもなりに考えて行動し、その結果を自分で振り返って、試行錯誤を繰り返す体験を何度も積ませることでしか主体性は取り戻せません。

「それだと失敗ばかりでかわいそうだ」という意見もあるでしょう。でもそれは失敗を認めない環境に子どもがいる場合です。**「失敗しても大丈夫」「自分のペースでいいんだ」と子どもが心理的安全性を感じられる環境をつくることが学校や家庭の役割**ではないでしょうか。

子どもの主体性を取り戻す方法として効果抜群の問いかけがあります。それは「どうしたの？」「どうしたい？」「何かできることはある？」の3つ。詳しくは次節以降で解説します。

お答えしましょう!

子どもに自己決定をさせることです。大人はサービス過剰をやめ、失敗してもよい環境をつくりましょう。

■子どもの主体性を取り戻す方法

p.47の自己肯定感を高めるサイクルとまったく同じです。

KEYWORD

心理的安全性 …… 人間の脳は過度のストレスを受けると機能が低下する。正常な判断ができず、よくない行動を繰り返してしまう。失敗が許されて、安心できる状態をつくることが大切。

主体性を取り戻す問いかけ「どうしたの？」について教えてください。

POINT
いきなり否定から入ることは民主的な対話の仕方ではない

まずは子どもに寄り添うための問いかけ

大人の期待にそぐわない行動を子どもがとったとき、多くの大人は頭ごなしに叱ります。「大人の言うことを聞くべき」という考えが蔓延してしまっているのです。

たとえば、子どもが突然叫び出したり、急に物を投げたりしたとき、「静かにしなさい！」「何やってるの！」と怒鳴りつけてはいないでしょうか。恐怖によって子どもの行動を変えようとしてしまうのです。そのような**高圧的な指導をすればするほど、その大人に対する不信感は増す**ばかり。子どもは自分が信用しない大人の言葉は聞き入れず、本音も語りません。また、問題行動の多くは精神的不安定さが原因です。怒鳴っても子どものイライラが増長されて精神的に不安定になり、冷静な判断ができません。叱っても同じことを繰り返す原因は、ここにあるのかもしれません。

そこでおすすめなのが大人の第一声を「どうしたの？」に変えること。行動の背景にある**その子なりの事情を聞き出す姿勢を見せる**ことです。子どもが話している間は否定せず、最後まで聞きましょう。もちろん子どもが正しいとは限りませんが、**子どもがとった行動を一度受け止めてあげることが、子どもの心理的安全性につながります。**心理的安全性は、主体性を取り戻すためにとても重要です。

この問いかけは、子どもとの信頼関係にもつながります。問題が起きても落ち着いて、「どうしたの？」と声をかけてみましょう。

お答えしましょう!

心理的安全性を生み出す問いかけで、子どもの事情に耳を傾けることが重要です。

■「どうしたの?」の問いかけ

頭ごなしに叱っては、精神的に不安定となり逆効果です。相手を受け入れる「どうしたの?」を積極的に使い、心理的安全な状態をつくりましょう。

KEYWORD

その子なりの事情…… 子どもの行動は、その子なりの主張のもとになされる。正しい、正しくないではなく、まずは受け止めることが重要。

主体性を取り戻す問いかけ「どうしたい？」について教えてください。

POINT
主体性を奪われた子どもはすぐに答えられない

意思表明や自己決定を促す問いかけ

「どうしたい？」は文字どおり子どもの意思を聞き出す行為であり、**自己決定を促すための問いかけ**です。これこそ子どもの主体性を伸ばす問いかけの本丸。「〜しなさい」「〜しよう」と子どもの行動を決めてしまう言葉を置き換えましょう。

主体性をさんざん奪われてきた子どもにいきなり「どうしたい？」と問いかけても、うまく答えられないことはよくあります。「自分の希望を言っていいの？」という驚きもありますし、「どこまで許されるかわからない」という戸惑いもあります。そもそも何がしたいのか思いつかないケースもあります。ですからうまく答えが返ってこなくても気にする必要はありません（それをフォローするのが次節で解説する「何かできることはある？」です）。**小さな自己決定から慣れさせていけば、徐々に大きな自己決定もできるようになる**ものです。

ここで1つ注意したいのは「どうしたい？」と聞いたからといって子どもの言いなりになれというわけではないこと。できる限り子どもの意思を尊重しつつも、大人の意思との間に対立が生じるならそれは正直に伝え、お互いOKと言える妥協点（平和的解決策）を探らないといけません。そこは主に大人の役割になるでしょう。結果として子どもの意思が100％通らなかったとしても、「対等な関係で扱ってくれた」「希望が少し通った」「自分の意見を言ってもいいんだ」という体験をさせることが重要です。

お答えしましょう!

自己決定を促す問いかけで、対等な存在として尊重していることを示す言葉でもあります。

■「どうしたい?」の問いかけ

主従関係
～しなさい!
はい!!
次は何をすればいいんだろう…
対等な関係
どうしたい?
うーん、○○したい!!
考えを言ってもいいんだ!!

「～しなさい」と大人が行動を決めてしまうと、主体性は奪われていきます。はじめは小さいことからでもよいので、「どうしたい?」の問いかけで自己決定させてあげましょう。

KEYWORD

自己決定……自分の意思で決定すること。大人が子どもの行動を決めてばかりいると自己決定ができなくなってしまう。

主体性を取り戻す問いかけ「何かできることはある?」について教えてください。

POINT
自己決定を成功体験に変えるには大人の後方支援が重要

自己決定を成功に導くための問いかけ

「どうしたい?」という問いかけをしても、選択肢が限定されていてうまく自己決定ができないケースがよくあります。そんなときに**「何かできることはある?」という問いかけでフォローすると子どもが自己決定しやすくなります**。

たとえば教室を飛び出した子どもに「どうしたい?」と聞いたら「教室にいたくない」と答えるかもしれません。これは、○○したいという主体的で積極的な意思決定ではありません。主体的に自己決定をさせてあげたいところです。たとえば、こんな感じの返答はいかがでしょうか。

「教室にいたくないいんだよね。じゃあ先生に何かできることはある? 保健室の先生に頼んで休ませてもらってもいいし、空き教室で好きなことをしていてもいいよ。どうする?」

この形で提案すれば、子どもはやりたいことを自分で決めて行動することができます。問いかけによって、**自分で決めることがポイント**なのです。

この問いかけは次のようなときにも使えます。友達を招くパーティで自分の子どもに「自由に企画していいよ」と伝えても、子ども一人でできることには限界があります。そこで大人が「何かできることはある?」と支援を申し出ることで、自己決定した意思の実現を後押しできます。

この問いかけは、自己決定を成功体験につなげる支援として非常に有効です。

お答えしましょう！

支援をしつつも、子どもに「自分で決めた」という感覚を持ってもらう効果があります。

■「何かできることはある？」の問いかけ

○○したいけど ひとりじゃできないな…
何がしたいか 分からないよ
何かできることは ある？
保健室で休む？ 空き教室に行ってみる？
これを 協力して ほしい！
保健室に 行く！
できそう！
自分で 決められた！

「何かできることはある？」はとても効果的な問いかけですが、自分で決める形にすることがポイント。あなたの決定を支援する、という心持ちが大切です。

KEYWORD

支援……主役は子どもで大人は支援役という構図をできるだけ意識する。

主体性を取り戻すといっても、そんなにすぐに取り戻せるものですか？

POINT

主体性が奪われた期間が長いほど「リハビリ」に時間がかかる

小1で約1か月、中1で約1年、高校生なら約3年かかる

生まれつき持っていた主体性を取り戻す作業を、私は「リハビリ」と呼んでいます。いきなり無理はさせず、少しずつ感覚を取り戻していってもらうイメージです。リハビリに要する期間はその子が主体性を奪われてきた度合いや期間にある程度比例します。

大阪市立大空小学校初代校長の木村泰子さんによると、幼稚園や保育園で集団行動を叩き込まれた子どもが自分の意思で行動できるようになるには、約1か月かかるそうです。中学生の場合、私の経験上、約1年かかります。高校生だと約3年。新卒社員を主体的な人材に変えるには、5年くらいかかってしまうそうです。

ここで大切なポイントを2つ挙げておきます。

1つは、やはり環境がもたらす影響の大きさです。**主体性のリハビリは「奪われた主体性を取り戻してあげよう」という共通理解のある環境に身を置いてはじめて進むもの**。学校の理解も大切ですし、家庭や課外活動を通じてのフォローも非常に重要です。これまでお伝えしてきた3つの問いかけのように、心理的安全が感じられ自己決定のできる環境なら、着実に主体性は戻ります。

もう1つは、**主体性を取り戻すのに「遅すぎる」はない**こと。私もベテラン教員の意識が変わっていく姿を何度も見ていますので、子どもであればまったく心配はいりません。

お答えしましょう!

主体性を奪われてきた期間が長いほど時間はかかりますが、「手遅れ」はありません。

■主体性を取り戻す「リハビリ」に必要なもの

主体性の「リハビリ」は、共通理解のもとで家庭や学校などの環境が整えば、時間はかかりますが必ず効果があります。

KEYWORD

大阪市立大空小学校……映画『みんなの学校』で有名に。保護者や地域住民が授業を支援することでインクルーシブ教育（p.104～105参照）を実現。

子どもが伸びる教育 6

当事者意識を育む教育とはどんなものですか？

POINT
子どもに権限を与えるが丸投げはしない

子どもたちにルールづくりやトラブル解決を体験してもらうこと

積極的に社会に関わる当事者意識を育てる方法は、**ルールづくりやトラブル解決の当事者になってもらうこと**です。

私が学校改革をするときに必ず着手するのは権限移譲。生徒会をはじめ、各種委員会の運営や、学校行事の企画・運営を子どもたちに任せていきます。

いざ権限を与えられ、自分たちで物事を決めていくことになると、子どもたちは戸惑います。まず戸惑うのは人の意見や思惑がバラバラだということ。次に戸惑うのは異なる意見を集約する難しさです。

そして、ここが重要なポイントになりますが、子どもたちに権限を委ねるといっても放任は絶対にしません。民主的に正しい課題解決に至るには大人の支援が不可欠だからです。

「正しい課題解決」を体験してもらうには、**「誰も置き去りにしない」という共通のゴールを大人がしっかり握ることが重要**です。子どもたちがどれだけ議論を交わしてたどり着いたアイデアでも、民主的ではないものは却下。修正を図ってもらいましょう。

そうしてできた解決策は不完全なものかもしれませんが、受け入れてあげましょう。自分たちで決めたアイデアを実行する。その過程で当事者意識が育つのです。

ここで大人がやるべきことは、対話の仕方の支援や議論のフィードバックであり、いつしか大人顔負けの議論ができるようになります。

お答えしましょう！

子どもたちにルールづくりやトラブル解決の当事者になってもらう教育のことです。

■当事者意識を育む教育

自分たちで決めたルールだから納得！
みんなで決めた
新ルール
これなら誰も困らないね！

子どもが自分たちでルールを決めたり、トラブルを解決したりと、自分事として物事に取り組むことが重要です。

KEYWORD

正しい課題解決……皆が納得できるアイデア。子どもが自力でそこにたどり着くために、大人は議論の仕方を支援するのが役割。

大人がトラブルを解決したほうが確実ではないでしょうか？

POINT

トラブルは学びのチャンス

自分にしか根本解決できないと気づかせる

子ども同士でけんかや対立が起きたとき、大人が無理に謝らせたり、仲介して解決してあげたりしていませんか。そのことで、子どもたちの対話の機会を奪っているかもしれません。

たとえば、AさんとBさんで殴り合いのけんかが起こったとき、私は間に入って、まずはこんな言葉を投げかけます。「先生は殴り合いをしたら止めに入ることはできるけど、そもそも殴り合わないようにすることはできないんだ」と、トラブルを根本的に解決できるのは自分たちなのだと自覚させるのです。

次に、利害の対立に注目して、対話を支援します。2人に個別に話を聞くと、殴り合いをしたいわけではないと言います。当事者全員が「殴り合いたくない」と合意できそうです。ここに子どもが気づけると、リスクをとって自発的に謝ったり、対話したりし始めます。

対話の重要なポイントは意見対立を感情的対立に発展させないこと。感情は人によって異なり、相手に自分と同じ感情を強制することはできません。感情ではなく、利害や考え方をすり合わせなければいけないことを教える必要があります。そして、対話の席では感情を制御し、相手の意見を一度受け入れるように支援をしましょう。

トラブルを大人が解決することは簡単です。しかし、それでは子どもは他人任せで自分では問題を解決できなくなってしまいます。トラブルは学びのチャンス。**積極的に解決を子どもに委ねることが大切**なのです。

お答えしましょう！

子どもが他人任せになってしまうかも。「自分で」解決することが当事者意識育成につながります。

■対話で対立を乗り越える手順

対立が起きたら、お互いが納得できる目的を探して、その目的を果たすための議論が必要です。大人は支援役に回り、民主的な対話を支援しましょう。

KEYWORD

感情的対立…… 気持ちや感情的な対立のこと。ルソーが理想と考えた直接民主制も「理性」に基づく対話を求めている。

子どもが伸びる教育
8

対立は「思いやり」で解決すべきではないのですか？

POINT
「我慢」は根本解決につながらない

対話で重要なのは思いやりよりも相手の立場で考えること

「思いやりが大切」「相手の気持ちを考えよう」そう言ってトラブルが起きないことをよしとする。和を尊ぶ日本らしい教育です。しかし、それでは取り残されてしまう子が出てきてしまいます。みんなのために譲りましょう、思いやりがあれば同じ行動がとれるはず、と少数派が我慢を強いられる場面をいくつも目にしています。

幼児教育の段階から「思いやりが大切」と心の教育をされてきた日本の子どもたちは空気を読むことがうまくなり、自己主張が苦手になっていきます。

「思いやり」でできることは対立を回避すること。対立を乗り越えるわけではありません。誰も置き去りにしない社会を実現するには、誰かが我慢して対立を避けることではなく、むしろ**対立を明らかにして、皆で解決していく必要があります。**

考えるべきは「相手の気持ち」といった漠然としたものではありません。どんな価値観で、どんな考え方で、どんな立場に置かれているのかです。

たとえば、生徒会に新たなルールを提案したいときは「このルールに変わると誰がどんな不利益を被るだろうか？」と考える。それが想像できると、対立を起こさないための具体的な工夫ができます。結果的に相手の気持ちも傷つけません。

思いやりで他者の気持ちを察する力ではなく、**対立しても他者の立場に立って物事を考える力こそ、子どもに身につけさせたい力**ではないでしょうか。

お答えしましょう!

「思いやり」教育だけでは誰も置き去りにしない教育は難しいです。

■思いやりより相手の立場で考える力が大切

対立は必ず起きてしまいます。だからこそ、対立は避けるものではなく、解きほぐすものなのです。

KEYWORD

心の教育……心を育めばあらゆることがうまくいくという発想。心理主義ともいう。

子どもが伸びる教育

9

文部科学省の掲げる「主体的・対話的で深い学び」とはいったい何ですか？

POINT

従来はアクティブ・ラーニングと呼ばれていた

学びを子どもの手に取り戻していく

現在の学習指導要領で子どもが受ける授業の基本方針となっているのが「主体的・対話的で深い学び」。これは、文部科学省（文科省）が望ましいとする授業の特徴を3つ併記したものです。近年では、この言葉のもとに教育の転換がなされ始めています。

「主体的な学び」とは、大人にやらされるものではなく、子どもの意思で学ぶもの。たとえば、子どもが自ら課題を設定し、自分のペースで取り組むような学び方です。大人は子どもの好奇心やモチベーションを高めるような工夫をしていきます。

「対話的な学び」とは文字どおり、他者との対話を通して学ぶもの。ディスカッションやプレゼン、協同作業、教え合い、地域の大人との交流など、方法はいろいろあります。

「深い学び」とは勉強を単なる知識の詰め込みで終わらせないこと。思考力を働かせ知識を応用する、興味を展開させる、自ら問いを立てる、情報を集め自分なりに考えをまとめるなど、幅広い方法があります。

これらは、「対話をプレゼンの形で授業に組み込めばいい」という独立した話ではありません。3つの学びは一連の学びで、本来ならば「学びのあるべき当然の姿」です。大人が積極的に学びの主導権を子どもに譲り、対話的で深い学びのために適切な支援をすることが不可欠でしょう。

「主体的・対話的で深い学び」は、子どもたちの手に学びを取り戻すための方法です。

お答えしましょう!

従来の教育を見直して出てきた、これからの学びのあり方です。

■「主体的・対話的で深い学び」とは

これからの教育に欠かせない考え方です。3つの学びを意識することで、学びを子ども自身の手に渡すことができます。

KEYWORD

思考力……課題解決に必要な知的スキル全般のこと。クリティカル・シンキング、ロジカル・シンキング、メタ認知能力など様々。

プロジェクト型学習とはどんなもので何を目的としていますか？

POINT
プロジェクト型学習を学校教育の中心に据えている国もある

正解のない問いに挑ませ、必要な知識を習得していく最先端の授業

「主体的・対話的で深い学び」の実践として理想的な授業といえるのがプロジェクト型学習（PBL）。総合的な学習の一環として導入が進んでいます。

その名のとおり**プロジェクトに取り組む過程を通して学んでいく学習方法**です。数週間〜数か月のプロジェクトで、子どもたちが自ら設定した課題の解決を目指します。地域や社会の問題と向き合い、特定の教科によらないことも大きな特徴です。

たとえば「地域課題」というお題なら地域の人たちに話を聞きにいき、感じた課題をテーマに決め、情報を集めて深め、自分たちなりのアイデアを発表します。解決が目的なので、実際に地域や社会に発信して実践をすることもあります。

日本ではまだまだ普及していませんが、教育改革に熱心な国ではプロジェクト型学習を学校教育の中心に据える動きが見られます。たとえば、世界屈指のPBL実践校である米ハイ・テック・ハイでは、1コマの数学の授業を除きすべてプロジェクト型学習で構成されます。

「知識はいつ『勉強』するの？」と疑問に思う方もいるでしょうが、この学習方法では、プロジェクトの過程で必要に応じて教科的な学習を取り入れます。プロジェクトのために自ら必要とする知識を子どもたちは主体的に学びとっていきます。

自らが感じる課題の解決を目指す**プロジェクト型学習は、主体性や当事者意識を育むのにとても有効**な方法だと思います。

お答えしましょう!

アウトプットを前提にした学びであり、主体性や当事者意識を育むのに有効です。

■プロジェクト型学習の流れ

大きな流れは上記のとおりです。主体的に、対話を通して深い学びができる学習方法です。

KEYWORD

PBL …… Project Based Learningの略。課題解決型学習(Problem Based Learning)もPBLなので注意。

「個別最適な学び」とはどんなものを指すのでしょうか？

POINT
一斉授業は指導効率はいいが学習効率が悪い

「何を学ぶか」「どう学ぶか」を選べる教育の形

最近では脱一斉授業の「個別最適な学び」が目指されています。これは、単に個人指導を行うことではありません。**個別最適化の対象は「何を学ぶか」と「どう学ぶか」の2つ**。両者の選択肢を広げて、**子どもが自分に合った学び方をできるようにすることが本当の意味での個別最適化**だと思います。

「何を学ぶか」を学校で選べるようにするには、制度的な改革も必要です。学びたいものを選べるように、選択科目を増やしたり、学年の枠を取り払ったりするべきかもしれません。目的のために自ら学ぶものを求めるプロジェクト型学習を取り入れるのもよいでしょう。

家庭においても、子どもの「学びたい」を大切にして、自分で何を学ぶか選ばせることが重要です。そのために、学びたいと思えるものを見つける手助けをしてあげましょう。

「どう学ぶか」は技術の進歩で選択肢が増えています。学習支援アプリ、ＡＩ型教材、生成ＡＩ、オンデマンド授業など挙げていくとキリがありません。

ただし、最先端の教材を一斉に使わせるのでは意味がありません。あくまでも自分に合った学び方を選べることが個別最適化。横浜創英の数学の授業では友達と教え合う子、デジタル教材で学ぶ子、教員の説明を受ける子など様々。自習スペースで勉強する子どももいます。

とにかく、学ぶ内容や学び方を選べることが大切です。いろいろ経験する中で、自分に合った学びを見つけていくのです。

お答えしましょう！

自分の学びたいことを自分のペースで、自分に合った学び方で学習できる環境です。

■学びたいことを自由に学べる環境が理想

大人が与えるのではなく、子ども自身が自分で学ぶものや学び方を決められるのが理想です。

KEYWORD

AI型教材 …… 株式会社COMPASSのAI型教材「Qubena（キュビナ）」は小中5教科に対応。全国に導入が進んでいる。

学びを子ども任せにしたら知識やスキルにムラが出ませんか？

確かに、プロジェクト型学習や個別最適な学びで子どもに学びを委ねることで、知識やスキルにムラが出るでしょう。自分の学びたいことを自分のペースで学べるようになって、中学で算数を学び直す子どもの横で高校数学を終わらせる子どもも出てくるかもしれません。1つのことに没頭して学ぶ子もいれば、バランスよく様々なことを学ぶ子もいるでしょう。

では仮にそうなったとしていったい何がいけないのでしょうか？「受験で不平等」といった話であればむしろ試験制度を変更すればいいだけです。そもそも私たち大人も知識・スキルはムラだらけです。**大切なのは、その時々で必要なことを学べる「学ぶ力」**です。平等にすべきは子ども自身の学ぶ意欲です。

今や世界の教育で優先するのは「学びの主体性を伸ばすこと」。一方、今までの日本が優先してきたのは「知識をまんべんなく教えること」。教育観を根本的に変えていく必要があります。

「ムラがあったら問題だ」という発想が間違い

近代教育は質の高い教育機会を皆に与えるという「機会均等」が目的ではじまったわけですが、日本の教育界では「同じことを同じように教えること」を「機会均等」と勘違いするようになりました。かくして画一的な一斉の教育が続けられることになります。本来なら**「こんな勉強がしたい」という子どもに対して平等にその機会を与えることが理想的な「機会均等」**ではないでしょうか。

POINT
知識よりも学びの主体性が重要

お答えしましょう!

大人の知識・スキルもムラだらけですが、何も問題はないはずです。

■教育における「機会均等」とは

知識やスキルをすべて教えるのではなく、自分で必要なものを考え、学ぶ力を身につけさせることが重要です。

KEYWORD

機会均等……教育基本法第１章第４条（教育の機会均等）には「ひとしく、その能力に応じた教育を受ける機会」とあり、同一の教育とは書いていない。

子どもが伸びる教育

13

学校で学べることには限界があるのではないでしょうか？

POINT

社会に触れさせる機会を増やすことが大切

学校だけですべてを教えることは困難

現代に比べ科学技術の進歩が遅かった昔は、学校は最先端の学びが提供できる場所でした。

しかし、今は科学技術の発展も社会構造の変化もすさまじいスピードで起きています。変化する社会と子どもとをつなぐことは、約10年に1回改訂される学習指導要領では到底追いつけず、教員が孤軍奮闘しても難しいでしょう。社会に出る準備をするのが学校のはずなのに、社会との隔絶が広がる一方です。

その結果、子どもは学習内容が増えているのに、やりたい事や自分にできる社会貢献が見いだせずにいます。もちろん学校も努力はしていますが限界があります。

それを解決する1つの方法は、**学校をもっとオープンなものにして社会と積極的につながっていくこと**です。

大学に生徒を送り込み探究型学習などを行う高大連携や、工業高校の生徒が民間企業で技術を学ぶデュアルシステム（東京都）など、新たな試みがでてきています。あるいは、社会の最先端を走る魅力的な大人を学校にお呼びし、子どもたちとの対話の機会をつくることでもいいでしょう。

家庭でもできることはたくさんあります。最先端技術に触れたり、実践的な学びが得られたりする民間のＳＴＥＡＭ系の教室は続々と増えています。科学館や歴史館などの施設に連れていくこともよいでしょう。**子どもがやりたいことという視点だけは忘れずに、積極的に社会と関わらせてあげてください。**

お答えしましょう!

学校・家庭は、積極的に子どもが社会とつながれるような努力をしていくべきです。

■社会とのつながりをつくる

学校だけではすべてを教えることはできません。家庭や学校など様々な場面で社会とのつながりをつくるようにしましょう。

KEYWORD

STEAM……科学（Science）、技術（Technology）、工学・ものづくり（Engineering）、芸術・リベラルアーツ（Arts）、数学（Mathmatics）の頭文字を組み合わせた用語。

子どもが伸びる教育

14

教育の文脈における「創造」とはどんなものですか?

POINT

創造力においても教育の2本柱が重要

課題を解決するために新たな価値を生み出すこと

「創造」という言葉を聞くと「アート」をイメージしがちですが、教育における「創造」は「課題解決のために新たな価値を生み出す」という意味合いが強く、ラーニング・コンパスでもそのように定義しています。

たとえば、対話を通じて誰も置き去りにしないアイデアにいたることも創造の1つでしょう。

では子どもの創造力はどう伸ばすか。私の感覚では、それは単体で伸ばすようなものではなく、これまで伝えてきた**主体性と当事者意識の2本柱を育んでいくことで、ある程度自然と身につく**と考えています。その理由は創造の原動力となる課題解決にあります。そもそも、社会や身の回りの出来事を、自分自身の「課題」と感じられる当事者意識が必要です。課題解決のために自ら情報を集めたり、試行錯誤を繰り返したりしながら新しいアイデアを考える主体性も必要となります。

しかしながら、この2本柱だけでは新たな価値は生まれません。たとえばアプリの開発など実際に何かをつくるなら、そのスキルを習得しないといけません。さらに、課題に対して仮説を立て論理的に考える力(ロジカル・シンキング)や、仮説の前提となる情報が正しいのか見抜く力(情報リテラシー)、常識にとらわれずに本質で物事を考える力(クリティカル・シンキング)などの様々な力が必要です。

主体性を取り戻し、当事者意識を育むことに加えて、新たな価値を生み出すスキルを学ばせることが大切なのです。

お答えしましょう!

課題解決のために新たな価値を生み出す営みです。

■教育における「創造力」の伸ばし方

創造力のベースには主体性と当事者意識があります。そのベースの上で、その他のロジカル・シンキングなどの力が必要になると考えてください。

KEYWORD

ロジカル・シンキング…… 論理的思考のこと。物事を筋道立てて考える力で、感情や主観を持ち込まないことが大切。

英語教育はやはり大切でしょうか？

POINT
外国語習得で重要なのは動機づけ

経済にしても日本の市場や人口は縮小する一方、新興国を中心に世界経済はますます成長を続けます。つまり、日本企業の海外進出がこれまで以上に求められます。インターネットでも英語が使えれば桁違いの情報にアクセスできますし、子どもに人気のロブロックスのようなメタバースでも英語が主流です。

このように私たち大人が教育を受けたときと今の日本は、置かれている状況がまったく異なります。**英語教育は当然大切だと思います。**

このとき大人がとくに注力したいのは動機づけです。外国語教育は外国語の習得を最終目的にはしないでください。**英語は、やりたいことをかなえるための「手段」にしかすぎません。**「テストのための英語」では英語嫌いを増やす危険があります。

海外旅行や短期留学で異文化に興味を持たせることでもいいですし、英語のゲームや洋画鑑賞など子どもがやりたいことに近づく手段として英語があることを教えることもいいでしょう。

世界がグローバル化した以上、英語教育は当たり前

日本のグローバル教育が遅れていることは国民の英語力や海外留学者の数など様々なデータが示しています。その背景には日本の特異性があったと思います。かつての日本は世界最先端の技術を持つ国でした。日本語さえできていれば、最新の技術を学ぶことができたのです。しかし、今や日本の技術は世界に抜かれ、日本人研究者も英語で論文を読み、英語で論文を書くのが当たり前です。

お答えしましょう！

質問自体がもはや時代遅れかもしれません。

■外国語を学ぶ動機

英語を学ぶことは目的ではなく手段。学ぶ動機づけが大切なので、好きなことや興味のあることからアプローチするとよいです。

KEYWORD

日本人の英語力……英語能力指数を示すEF EPIによると2023年度の日本の英語能力は113か国中87位。中国82位、韓国49位。

COLUMN

3

型にはめなければ子どもは伸びるもの

この章では「子どもが伸びる教育」というテーマで、主体性や個性、特性を尊重する教育が大切になるという話をしました。そこに共通するのは、大人の都合やこだわり、古い常識などで子どもを型にはめないことです。**型にはめなければ子どもは自分で考え、伸びたい方向に勝手に伸びていきます**。

放任を意味するわけではありません。社会のルールを教えるなど、最低限の「型」は必要ですが、それ以外に大人が注力したいのは土壌づくり（体験、環境など）と養分（後方支援、心理的安全性など）だけ。そして子どもがどう育つかを温かく見守る。このスタンスこそが子どもが伸びる教育だと思っています。

「勉強ばかりでは将来が不安なのでSTEAM教室に通わせようと思うのですが、おすすめはありますか？」といった質問を保護者からされることがあります。一見、子どもを伸ばそうとする最先端の教育観のようにみえますが、もし子どもを型にはめようとしているなら従来の教育観と大差はありません。

世の中に存在する「型」は子どものためを思ってやられていることですが、**子どもを伸ばしたいなら「型」は間引いていかないといけません**。それは簡単ではないかもしれませんが、いつかは着手しないと子どもたちの主体性は奪われたままです。

学校教育でいえば理不尽な生活指導など明らかに不要な「型」以外にも、たとえば音楽、技術・家庭科、体育の授業で評価をつけることも不要な「型」だと思っています（努力でカバーできないことを評価する必要はない）。

第 4 章

幼児〜小学生における教育の疑問

子どもの主体性と当事者意識を奪う教育は、幼保教育の段階からはじまっています。

おそらくその根本原因は、子どもの「自ら学ぶ力」を過小評価しているからです。

子どもの力をもっと信じてあげましょう。

幼児教育で大切なことは何でしょうか？

POINT
命令されることに慣れさせないことが重要

子どもの主体性を奪わないことに尽きる

幼児教育の重要性は多くの人が認識しているでしょう。しかし、**多くの園・家庭では「経験主義」「子ども中心」と言いながら、主体性を奪う教育が行われています。**

たとえば、「食育」と称して決まったメニューを決まった量完食させることは、主体性を奪う指導の典型です。好き嫌いせず食べきることも大切だと思いますが、子どもの意思より優先順位が高いとは思えません。入園や園の行事に向けて集団行動に注力するのも問題だと感じます。大人の言うとおり動くよう強制し続けると、子どもは命令に従うことに慣れていきます。

幼児教育で主体性を育てるポイントは①子どもの意思・意欲を尊重して命令をしない、②「自分でできた」という体験を増やす、③個性・特性の違いを認める、といったことでしょうか。自分でズボンをはきたいのにお尻が引っかかってうまくいかないとき、後ろからさりげなくズボンを引っ張ってあげる。このような成功体験が大切なのです。他の子と比べる必要もなく、その子のやりたいことを全力で支えてあげましょう。

加えて、小さなトラブルを子どもの力で解決させることも大切です。「みんな仲良く」という、対立を避ける教育は低学年ほど行われる傾向があり、子どもは意思表示を我慢することを覚えてしまいます。他者との折り合いのつけ方を学んでもらうために、小さなトラブルこそどんどん体験させたいものです。

お答えしましょう!

幼児教育においても管理型教育を脱し、子どもの主体性を育てることが重要です。

■日本の幼児教育はこうすればもっとよくなる

子どもの主体性を奪う教育は幼児教育の段階から始まっています。

KEYWORD

経験主義…… 子どもの経験を通じた学びを重視。義務教育は知識やスキルを一律に積み上げる系統主義に立脚している。

主体性を伸ばす子育て、何から始めたらいいでしょうか？

命令形の言葉かけを自己決定の形に変える

子どもの主体性を伸ばす基本となるのは前章で紹介した3つの問いかけになりますが、子どもにかける言葉の多くは無意識に使っているので、いきなり変えるのは難しいと思います。

そこでまずは、普段子どもにかけている言葉を見直して、**「命令形」になっているものを「子どもが自己決定する形」に変えてみてはどうでしょうか。**

たとえば「宿題しなさい」を「今日は宿題何時からやる？」に変える。「汚れるからやめて」を「汚れ、落ちないかもしれないけど大丈夫？」に変える。「寒いからこの服を着なさい」を「今日は寒いみたいよ」で留める。「脱いだ服はカゴに入れなさい」を「脱いだ服をカゴに入れてくれると助かるなぁ」に変えてみる、などです。ゲームやYouTubeの時間制限を設けている家庭も多いと思いますが、これも大人が一方的に決めるのではなく、「1日何時間ならいいかな」と聞き、子どもと一緒に決めるのがいいでしょう。

こうした自己決定を積み重ねていくと、次第に子どもからの「～だと思う」「～したい」という意思表示が増えるようになります。そうなればあとは、その意思をできるだけ尊重してあげることです。

また、**言葉かけ以前の問題として重要なことは心理的安全性**です。自己決定の機会がどれだけ増えても、失敗したときに責められていては自己決定が怖くなります。自律を促す子育ては、失敗を許容し、成長をじっくり待つ子育てでもあります。

POINT
言葉かけは癖

お答えしましょう！

命令することを減らしていけば、おのずと子どもが意思表示をするようになります。

■家でできる主体性を伸ばす子育て

言葉かけは無意識。いきなり置き換えることは難しいですが、少しずつやってみましょう。

KEYWORD

意思表示……「～したい」、「～しよう」と思う自分の考えを他人に示すこと。主体性を失うと、意思表示は減ってしまう。

幼児～小学生の教育

3

主体性ばかり重視していたらわがままな子に育ちませんか？

POINT

「自由」と「尊重」の両立を目指す

社会性も大切。できるだけ自分で学んでもらう

子どもの主体性を伸ばそうとするあまり、子どもの言うことをなんでも聞き入れていると、ご指摘のように、わがままな子どもに育つ恐れがあります。

大人がしっかり教えたいのは**「君には自由に行動したり意思を表明したりする権利があるけど、他の人にもその権利がある」という対等な関係**です。具体的には「好きにしていいけど他人の自由は邪魔しない」といったことです。

たとえば前職の中学校でヤングアメリカンズによる音楽系ワークショップを開催したとき、騒がしい生徒に対してアメリカ人の学生が「人が話しているときは相手の目を見て聞くものだ」と叱ったことがありました。自分たちの自由が許されると思っていた子どもたちは驚いていましたが、自由を優先するあまり、他の人の行動を邪魔し、尊重できていなかったと気づくきっかけになったようです。

こうした**社会性はできるだけ子ども自身で学んでほしい**と思います。そのためには子どもの自由な行動が原因で起きたトラブルを大人が解決するのも控えたほうがいいでしょう。

公園の砂場で借りたおもちゃを自分の子どもが返さないと、多くの保護者は「早く返しなさい」と叱り、相手の子どもとその保護者に謝罪をします。そこであえて放置すれば、その子から「もう貸さない」と言われてショックを受けるかもしれませんが、「何でだろう？」と自分で考えてトラブルを解決するきっかけになるでしょう。

お答えしましょう!

「主体性＝何でも好き勝手していい」ではありません。「自由」と「尊重」のバランスが重要です。

■「自由」と「尊重」の両立が大切

主体性に任せて自由にしてもらうことも重要ですが、相手の自由を尊重できるようにすることが大切です。

KEYWORD

「自由」と「尊重」…… すべての人間は、生れながらにして自由であり、かつ、尊厳と権利とについて平等である（世界人権宣言第１条）。

幼児～小学生の教育 4

一貫校でのびのび過ごしてもらうための小学校受験はいいことですよね？

POINT
子どもは大人の期待どおりに育つとは限らない

小学校受験は子どもの意思ではないことに留意

都心部においては、小中高一貫校を目指す保護者がたくさんいます。合格できれば希望どおりの教育環境に加え、中学受験という大きなストレス要因が減るわけですから、選択肢としては理にかなっていると思います。そこで気をつけたいのは次の2点です。

まず、**不合格だった場合のフォロー**です。不合格と評価されて傷つかない子どもはいません。その傷をさらに広げるような態度や言葉は避けてほしいと思います。公立中学の校長時代、受験に失敗して自己肯定感がズタズタになった新入生を毎年見てきた私からの強いお願いです。人気校になれば倍率は10倍を超えますから、落ちて当たり前。過度の期待やプレッシャーはかけないほうがいいと思います。

もう1つは、**子どもと学校の相性が合わなくなったときのフォロー**です。中学受験であれば子どもが自分で学校を調べ、行きたい学校かどうかの見極めがある程度できます。しかし、5歳の子どもにはそれができません。保護者がすべて決めることになります。

子どもが成長して自我が芽生えたときに「自分はこの学校に合っていない」と感じるときがくるかもしれません。そのとき、子どもの悩みに寄り添い、フォローすることが重要です。

小学校受験に合格すれば成功ということではありません。しっかり子どもと話し合い、子どもの幸せを最優先してあげてほしいと思います。

お答えしましょう!

どんな選択をするにせよ、子どもの幸せを最優先してください。

■過熱する小学校受験

小学校受験で得られるものもありますが、それがすべてではありません。そこにこだわりすぎず、子どもを支援してあげてください。

KEYWORD

小学校受験……2023年度首都圏私立小学校の志願者倍率を見ると、慶應横浜、東洋英和、東農大稲花、慶應幼稚舎、早実など、10倍を超える学校もある。

幼児～
小学生の
教育
5

「小1プロブレム」はどう解消すればいいのですか？

POINT

幼児教育を改悪すべきではない

「プロブレム」ではなく、考え方を変えるべき

小学校に上がった子どもが授業中にじっとしていられない、黙っていられないといった行動を文科省は「小1プロブレム」と名づけ、対策として5歳児と小1の2年間に特別なカリキュラム（幼保小の架け橋プログラム）を設ける方向で動いています。幼保教育と義務教育の差が大きいため、そのギャップを埋める試みです。私が望むのは、この取り組みが管理型教育の前倒しに終わらないことです。

6歳くらいの子どもは自分をコントロールする能力にバラつきがあり、授業中にじっと座っていられない子どもがいるのは、ごく普通のことです。発達の特性から体を動かさないと落ち着かない子どももいます。本来なら**「小1プロブレム」など、そもそも存在せず、「小1ってそんなものでしょう」と合意したいところです**。本質的な問題は子どもたちが黙ってじっと座っていられず、授業が成り立たないことを問題にするという考え方にあるのです。

たとえばグループ学習を教育の軸とする欧米諸国の多くでは、そもそも机のレイアウトが異なり、クラスの中を歩き回ることは問題ではありません。アメリカの小学校低学年の教室には安心して学べる場であることを感じてもらうためにカーペットスペースがあり、集中力のない子どもが横になりながら勉強することができます。

子どもを学校に合わせるのではなく、学校を子どもに合わせる。こうした発想の転換が必要だと思います。

お答えしましょう！

「小1ってそんなものでしょう」と合意すれば解消する話で、プロブレムではないと思います。

■「当たり前」の認識が大切

じっとしていられない、静かにできないのは、プロブレムではなく当たり前。小1の発達段階に応じてどのような支援をするか、という考え方が大切です。

KEYWORD

幼保小の架け橋プログラム…… 全国19の自治体が協力し、2022年から３年間かけてカリキュラムの開発や実施等に取り組み中。

幼児～小学生の教育

6

学級崩壊はなぜ起きるのでしょうか？

POINT

チーム担任制が効果的

すべての責任を担任一人に負わせるから起きること

全国の小学校や中学校を悩ませる学級崩壊。現場は必死に対策していますが効果はなく、教員が退職に追い込まれる要因にもなっています。しかし私の経験上、そのメカニズムも対策法もわかっています。**学級崩壊は担任一人の力量に依存する仕組みと、子どもの主体性が低いことが重なることが原因**で起きています。学級内の不満がすべて「担任のせい」とされ、教員が自信を失うと子どもはさらに担任の言うことを聞かなくなり、学級が崩壊します。

子どもの主体性を取り戻すには時間がかかることを考えれば、すぐにやるべきことはチーム担任制を導入するなどして担任一人に依存する仕組み（固定担任制）を改めることです。

たしかに、クラスのコントロールがうまい教員なら学級崩壊は起きません。だから文科省も教員もそうした理想を目指すわけですが、実はその努力が自分たちのクビを締めています。なぜなら、固定担任制を続ける限り、子どもは自分の担任と他の担任を比較し続けるからです。教員の能力が底上げされても自分の担任が「相対的に劣っている」と感じたら、子どもは不満を言い出します。

複数の教員で一学年を担当する**チーム担任制に変えれば、比較対象がなくなる上に、教員も各自の弱点を補い合うことができる**長所があります。子どもにとっても、先生が複数いることで相談がしやすくなったり、相性の不一致によるトラブルを回避できたりするでしょう。

お答えしましょう!

クラスで起きるトラブルや不満の矛先が担任一人に向くためです。

■学級崩壊のメカニズムとチーム担任制

固定担任制だと必ず他のクラスとの比較をされてしまいます。そうならない仕組みとして、チーム担任制を推奨しています。

KEYWORD

チーム担任制…… 複数の教員がチームとなって1学年を担当。生徒や保護者が相談したいときは希望する教員を選べる。

いじめはどうしたら減るのでしょうか？

POINT
深刻ないじめが埋もれない仕組みが重要

子どもを救いつつ自己解決能力を高めていく

文科省が2023年に発表した小中高のいじめの認知件数は68万件を超え過去最多となりました。この数字だけ見ると不安を感じるかもしれませんが、これは重大な案件を見逃さないためにいじめの定義を極端に広げたことと、なおかつ学校側に積極的に報告を促す仕組みに変えたことが理由です。たとえば、「バ〜カ！」「ふざけんな！」といった些細な口ゲンカも、今の制度では「いじめ2件」として計上されます。「心身の苦痛を感じるか」が現行の判断基準なので、従来のいじめとは異なることまで含むようになりました。

とはいえ、いじめの件数を減らすことが目的化すると隠蔽が起きるため、件数増加は悪いことではありません。ただし、報告件数が増えすぎて現場対応が追い付かず、重大案件が埋もれるリスクを抱えているのが現状です。深刻な被害を受けている子どもを早急に救うためには、一律の対応をするのではなく、深刻度や緊急度に応じた柔軟な対応が必要です。

並行して、子どもの自己解決能力も鍛えないといけません。日本は幼いうちから子ども同士のトラブルに大人が介入しすぎていて、子どもの当事者意識が失せてしまい、子どもたち自身の解決能力が育っていません。小さなトラブルまで大人が全面介入しないことが大切です。**子どもたちのトラブルを日頃から上手に見守り、大人が介入すべきときに適切に関わることができるような環境を整えていくことが必要**でしょう。

お答えしましょう！

深刻度や緊急度に応じて柔軟に対応しつつ、日頃のトラブル対応の意識を変えましょう。

■いじめの認知件数は過去最高

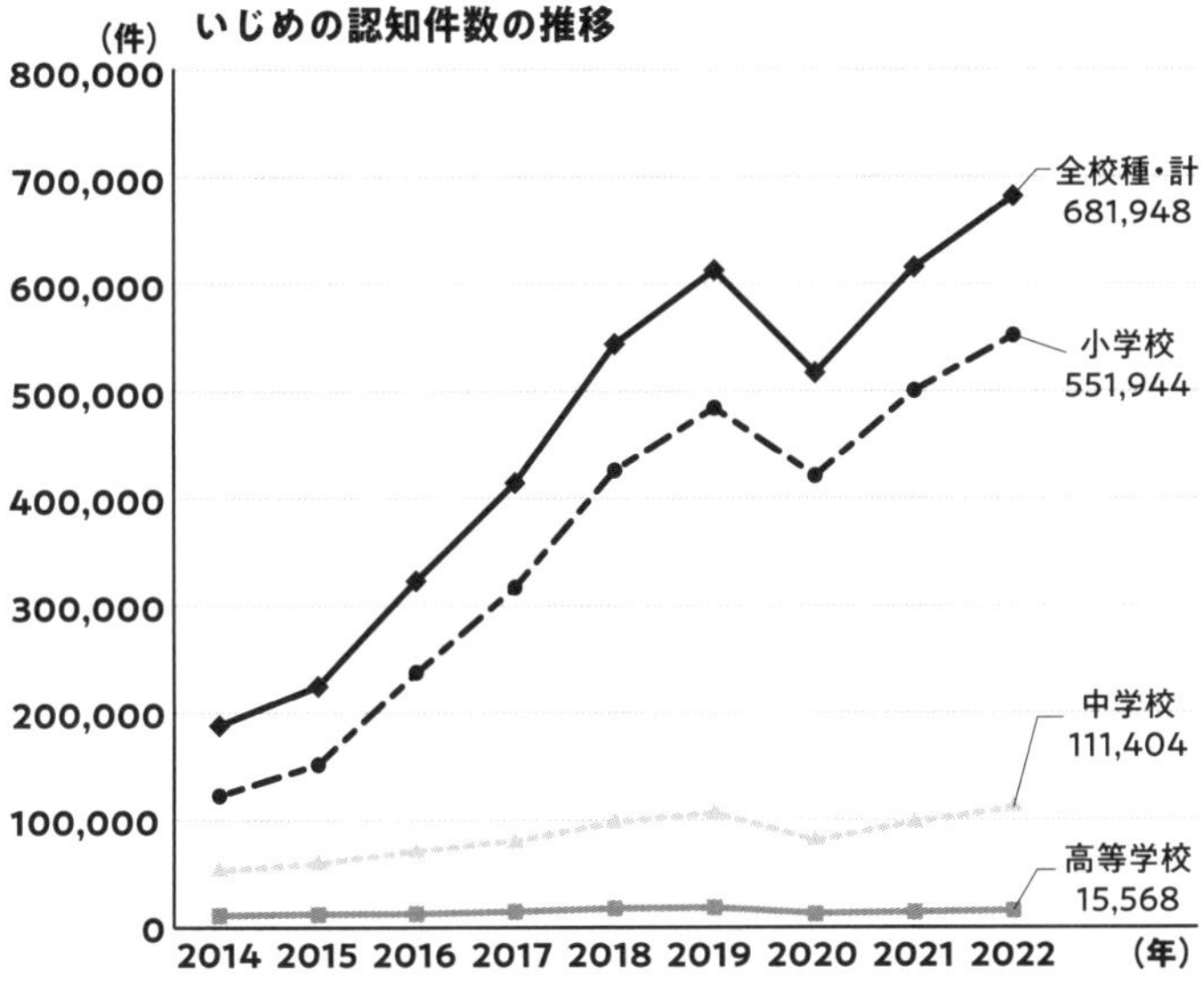

（出典）文部科学省「児童生徒の問題行動・不登校等生徒指導上の諸課題に関する調査」のデータをもとに作成

いじめの認知件数はものすごい勢いで増加しています。特に小学校の件数が増えています。

KEYWORD

いじめの定義……いじめ防止対策推進法では「継続的」という文言が外され「心身の苦痛を感じているもの」全般をさすようになっている。

今の小学生って忙しすぎませんか？

POINT
総授業時間はゆとり教育以前の水準に逆戻り

カリキュラムを増やすだけで減らすことをしないから

詰め込み教育を脱し、課題解決能力など実践的な力を身につけてもらうことを目的に行われた「ゆとり教育」の時代、文科省が定めた小学校の標準授業時間数は5367時間（1998年）でした。それがPISAショックの反動で5645時間（2008年）に増え、今はゆとり教育以前の水準、5785時間に戻っています。

もちろん学習内容は変わり、英語、プログラミング、環境教育など時代に合った授業や思考力を重視した授業も増えています。しかし、**一律に詰め込む知識量も変わっていないので、現場も子どもも大変な思いをしている**わけです。とくに社会や科学の分野は年々覚えることが増えていくので、減らしたり優先順位をつけたりすることを積極的にしていかない限り、教科書は分厚くなる一方です。

私は、学校で教えていることが無用な知識だと言いたいわけではありません。教えなければならない内容が多すぎる現状から、**一律に課す学習内容をもっと絞らないと個別最適な学びができない**と伝えたいのです。子どもの興味の幅を広げ、さらにそれを追求できる環境を構築する方法を、本気で議論すべきと思います。

同時に、まさに今大きな負担を強いられている子どもたちへの支援も重要です。子どものためといって、さらに負担を強いていませんか。過度な宿題や習い事を見直して、子どもの興味ややりたいことを大切にしましょう。

お答えしましょう！

生きる力や思考力重視の授業も増えましたが、詰め込む知識の量が変わっていません。

■増える一方で減らないカリキュラム

食育、環境教育、消費者教育、金融教育、ICT教育など、どれも大切なことですが、現在の学校教育に求められるものはとても多すぎます。

KEYWORD

PISAショック……「ゆとり教育」の方針が打ち出されていたが、2003年のPISAで順位が下がったことが問題視され、学力重視のカリキュラムに戻った。

幼児～小学生の教育

9

全生徒が情報端末を持ったことで教育はどう変わりますか？

POINT

教材選びで差がつく

自分に合った学習効率の高い学びがしやすくなる

今、ものすごい速度で学びのあり方は変わっています。たとえば、私は毎朝英語の勉強をしています。教材はスマホのみ。読み書きの学習はDuolingo、グーグル翻訳、ChatGPTの3つがあればほとんどのことができます。これらは、10年前には想像もしていなかったことです。そして、その大きな変化は学校教育も巻き込んでいます。GIGAスクール構想で全生徒に情報端末が行きわたり、**自分なりの学び方やペースで勉強しやすいインフラが整いました。**

横浜創英で試験導入している英会話AI「LANGX speaking」（早稲田大学発スタートアップが開発）は、話者の英語力をリアルタイムで評価し、レベルに合った自然な会話をしてくれます。このすばらしい技術は、教育の現場に一石を投じることになるでしょう。

前職の中学校でAI型教材を試験導入したとき、中学3年間の数学を早い子は9か月で終える効率のよさに驚いたものです。それと同時に、元数学教員としては一斉授業が子どもにとっていかに非効率であるかを痛感させられました。

端末の性能の問題や通信環境の問題など、インフラ上の課題もまだ多く残されていますが、こうした革新的な学習ツールは、個別最適な学びの選択肢を広げるために積極的に導入することが大切です。**情報端末を持っていること自体には意味はなく、どんな学習環境を子どもに提供できるかを考えていきましょう。**

お答えしましょう!

個別最適な学びが加速する。持っているだけでは意味はなく、どんな学びを提供するかが重要。

■情報端末は学びのあり方を根本から変える

情報端末が配られるようになり、保護者世代が受けてきた学び方とは大きく変化してきています。情報端末を使ってどのような学びを提供するのかを大切にしてください。

KEYWORD

GIGAスクール構想……全国の小・中学生に一人1台教育用端末を整備する国家事業。2019年開始。コロナ禍で前倒しが進み2021年にはほぼ完了。

幼児〜小学生の教育

10

障がいや特性のある子どもにはどんな教育がされているのでしょうか？

POINT

特別支援の対象者は年々増加

目指すべきインクルーシブ教育

日本の学校では、障がいや特性のある子に通級による指導、特別支援学級、特別支援学校の3パターンで特別支援教育を行っています。そして、日本では特別支援教育を受ける子どもは年々増加を続けています。

増加の理由は少しでも発達に特性のある子どもを特別支援の対象にする動きが加速しているから。障がいや特性のある子への指導は難しいと、教員が受診を勧めたり、我が子が通常学級では過ごしづらいだろうと保護者が診断を求めたりしています。

残念なのは、「おとなしく授業が受けられない」「他の子とトラブルになる」と子どもを分離し、学校生活を切り抜けることが目的となっていることです。

本来**目指すべきは、すべての子どもが共生するインクルーシブ教育**ではないでしょうか。国籍、人種、宗教、ジェンダー、障がいの有無にかかわらず多様な子どもが一緒に学べる教育のことです。特に障がい児を分けないことは国連が採択した「障害者権利条約」で明記してあり、日本も批准済みです。

本来、「通常学級」をインクルーシブな場に再設計する方法を議論すべきなのですが、文科省は「学校全体としてはインクルーシブ」という言い分で校内の分離を進めています。

大人は、あらゆる子どもがともに学べる配慮をする。そして子どもたち自身も障がいや特性のあるなしにかかわらず、社会の中でともに上手に生きる方法を学び、探していく環境を目指していくべきなのです。

お答えしましょう!

現状は分離する教育だが、インクルーシブ教育を目指すべきでしょう。

■目指すべきインクルーシブ教育

インクルーシブ教育とは、障がいや特性など、いかなる要素にもかかわらず、多様な子どもがともに学べる教育です。子どもたちにとっても、様々な子どもとともに学び、共生する方法を探すきっかけになります。

KEYWORD

障害者権利条約 …… 2006年に国連総会で採択。日本は2007年に署名し2014年に批准。正式名称は「障害者の権利に関する条約」。

みんなが1つの教室で学ぶことは難しいことなのでしょうか？

一緒に学べる「合理的配慮」は学校側の義務

障がいや特性の有無にかかわらずみんなが1つの教室で学ぶためには、様々な配慮を行う必要があります。しかし、「みんなができていることがどうしてできないのか」と子どもの努力不足として配慮を怠る状況を見かけます。これは教育現場における大きな問題です。

視力が悪い子がメガネをかけて授業を受けることを「甘えだ」と言う人はいませんね。その子の「できない」は特性かもしれないと常に考えましょう。**障がいや特性のある子の「メガネ」を見つけて、積極的に使わせてあげることが大切**です。

読むことが困難な子のために文字を拡大したワークシートを用意したり、感覚過敏の子のために放送の音量を下げ、教室の掲示を減らしたりと、できることはいくらでもあるでしょう。

そもそも学校には、誰もが平等に教育を受け、学校生活を送るための「合理的配慮」を講じる責任があります。学校や授業を誰も困らないようにデザインする義務があるのです。

ただ、先生はどんな配慮が必要か手探りです。保護者と学校とで、普段の様子やそこで行っている配慮を共有し、学校ではどんな配慮ができるかを話し合う場を設けるとよいでしょう。

ちなみに、普段の授業で「合理的配慮」を受けている子どもに対して、申し出があれば入試で同じような配慮をしないといけないという決まりがあります。試験時間や問題テキストなど、様々な配慮がありますので、確認してみてください。

POINT
配慮は平等に教育を受けるために必要

お答えしましょう!

学校はみんなが平等に教育を受けることができるように、「合理的配慮」を提供する義務があります。

■合理的配慮で環境を整える

みんなが平等に学校生活を送れるための「合理的配慮」は学校の義務です。上にある配慮が必ずしも正しいとは限らず、子どもの特性に応じて、最もよい方法を模索する必要があります。

KEYWORD

合理的配慮……「障害者が（略）人権及び基本的自由を（略）確保するための必要かつ適当な変更及び調整で（略）過度の負担を課さないもの」（障害者権利条約、障害者差別解消法）。

12 障がいや特性はハンディキャップになってしまうのでしょうか？

POINT
日々のコミュニケーションで必要な支援を見極める

子どもによって必要な支援は異なる

みなさんは、計算ができないだけで子どもに「算数苦手」というレッテルを貼っていませんか。電卓を使わせたら難しい文章題も解ける数学の天才だったなんてことはざらにあります。

私は、**障がいや特性をハンディキャップでなくすために教育はある**のだと考えています。

私のよく知っている生徒の例を挙げましょう。彼は、授業でノートを取らないため、よく先生に叱られていました。生徒本人に話を聞くと、話に集中するとノートが取れず、逆にノートを取ろうとすると話が聞けなくなるとのこと。読み書きを苦手とする学習障がいの典型です。そこで私が行ったのが、パソコンでノートを取るという提案です。その結果、授業の中でしっかりノートを取れるようになり、さらには写真やグラフを使いこなして見事にまとめられるようになりました。本人も満足して学習ができるようになり、もはや他の子の模範です。

適切な支援ができれば、困りごとを解消できるだけでなく、長所を伸ばして活躍させることもできるでしょう。ただし、今の例はパソコンが使える子だったからこそ可能だった支援です。保護者や先生が、その子に応じた方法を提案して、よい方法を見つけてあげてください。

欧米では、特別支援は大人になったときに生活できるよう逆算して支援をします。読み書きが苦手なら、他の方法を探ればよいのです。その子の出来ることに目を向けて、よい部分を伸ばしてあげましょう。

お答えしましょう!

他の方法を見つけることでハンディキャップはなくなり、活躍するチャンスが広がります。

■ハンディキャップでなくすための教育

社会生活を困らずに送ることができるように、また、長所を最大限生かすことができるように、逆算してその子に合った支援を探すことが大切です。

KEYWORD

学習障がい …… LD(Leaning Disabilities)。識字を苦手とするディスレクシアや、計算や図形を苦手とするディスカリキュアなどの特性がある。子どもによって苦手な内容やその程度は異なる。

COLUMN

4

子ども中心の幼児教育とは具体的にどんなものでしょうか？

先進的な取り組みをしている園はたくさんありますが、世界5大幼児教育の1つ、**レッジョ・エミリア・アプローチ**は、グーグルやディズニー本社併設の幼稚園でも採用されているそうです。

レッジョ・エミリアとはイタリアの市の名称です。同市は第二次世界大戦中、ファシスト政権に抵抗して街は破壊されました。戦後に市民が街を再建するに当たり取り組んだのが教育。「二度と戦争を起こさない」という想いを背景につくられた教育手法です。

その特徴は①学びの主導権を大人が奪わないこと、②子どもの可能性を信じ個性や意思を徹底的に尊重すること、③物事を決めるときは子ども同士の対話を基本とすること、④アート活動とプロジェクト型学習を活動の軸とし、創造性、探究心、自己表現力などを重視すること、⑤町ぐるみの教育という理念から園を地域に開かれたものにすること、⑥一律な指導マニュアルはなく、時代に合った教育方法を現場レベルで常に模索していることなどがあります。

日本でも2011年にレッジョ・エミリア公認の保育園「まちの保育園　小竹向原」が開園。同園でもやはり保育士たちは徹底して裏方に回り、その日に行う活動もグループごとに子どもたちで話し合って決めるそうです。そして子どもたちの遊びや探究の時間を少しでも奪わないために学校行事は一切なし。そのかわりプロジェクト型学習の成果として発表会などを子どもたち自身が企画し、実施しているそうです。

第 5 章

中学生～高校生における教育の疑問

「やりたいことは大学以降にやりなさい。それまでは受験勉強を頑張りなさい」

これが受験戦争を煽る大人たちの言い分です。

社会を知り、やりたいことを見つける。

それをするのが中学校や高校ではないのでしょうか？

子どもが宿題を嫌がります。どうすればいいでしょうか？

POINT

宿題は何のためにあるのか？

無理やりやらされる勉強を嫌がるのは自然な反応

「宿題はなんのためにあるのか」。**誰もが納得できる宿題の最上位目的は「課題を克服すること」ではないでしょうか。**

しかしながら、実際はこの目的に合致しているとは言い難い宿題も多くあります。例えば、「全員一律にわかっていることを繰り返す宿題」「学習習慣のための宿題」などです。こういった宿題を強いられ続けると、子どもが宿題の意義を納得できず、学びの主体性は奪われていきます。これでは、子どもが宿題を嫌がるのは当然です。

それよりも、**課題を見つけ、その解決のための勉強法を主体的に考えることが必要**です。

前職の中学で宿題を廃止したのもこうした理由からです。ただし、宿題を廃止するだけでは学びの主体性は引き出せません。子ども自ら課題をみつけ、それを克服したいと感じてもらいやすいよう試験制度も改革しました。宿題の提出率ではなく、できなかったところができるようになる、課題解決そのものを評価するようにしました。

そもそも、自分で学べるなら、宿題は必要ありません。主体的な学びの補助として、課題解決を支援するための宿題を出してはいかがでしょうか。

保護者の皆さんも、「宿題やった？」と言うたびに親子関係が悪くなってしまうのであれば本末転倒です。宿題をやらせることよりも、好きなことに夢中になれるにはどうするかを考えるべき。宿題なんて出さなくていいか、くらいの覚悟も大事かもしれません。

お答えしましょう！

宿題の目的は「課題を克服すること」。一律に課される宿題はその目的にかなっているとは言えません。

■宿題のあり方

現状の宿題は目的を見失ってしまっているものも多いように感じます。宿題を出すとすれば、主体的な学びの補助として、子どもの課題解決を支えるもので、強制しないようなものにしてほしいと思います。

KEYWORD

試験制度改革…… 定期テストの代わりに単元ごとの小テストを導入。再試験可能にしたことで主体的に勉強する子が増えた。

自分に合った学び方はすぐに見つけられるものですか？

POINT

最適な学び方は千差万別

遠回りでも自分なりに見つけることが重要

大人でも新しいことを学ぶときに取るアプローチは人によって違います。たとえば、ゴルフを始めるときに、本から入る人、YouTubeで調べる人、いきなりコースに出る人など様々。過去の経験から、自分に合った学び方を選択するのです。その訓練を学校でさせることは大きな意味があると思います。

学習目標だけ与え、方法とペースは子どもに任せる学習形態を自律型学習と言います。前職の中学では数学の授業を自律型学習に変えましたが、予想どおり学び方はバラバラ。ＡＩ型教材を使う子どもの割合は多かったものの、紙の教材や教員から直接指導を好む子どももいました。面白いのは、他の子どもの学び方を見て少しだけ試してみる子どももいることです。

学び方をすぐに確立する子もいれば、時間がかかる子もいます。しかし、試行錯誤をしながら学び方を確立していくプロセスこそが重要。少し遠回りをしても自分に合った方法がわかればいくらでも挽回できます。

では、子どもたちが自己流の学び方を確立する上で、大人が支援すべきことは何か。それは、どんな学び方の選択肢があるのかを教えたり、準備したりすることだと思っています。現在はＩＴ技術の発展で従来では考えられなかった画期的な学び方や教材が日々登場しています。そうした教材も子どもが知らなければ試すこともできません。大人は、**子どもの学び方の選択肢を増やし、学び方の確立の助けとなることが大切**です。

お答えしましょう!

必ず見つけられますが、その選択肢は大人がある程度用意しましょう。

■自分で学習方法を選べる「自律型学習」

横浜創英で導入している英語の学年混合の選択制自律型学習です。自分自身で学び方を選び、成果を感じることで、学ぶことへの自信と積極性が生まれます。

KEYWORD

自律型学習 …… 横浜創英では2025年から全科目を自律型学習に移行予定。一斉授業は受けたい子どもだけが受講する形になる。

理不尽な校則や生活指導はなぜなくならないのでしょうか？

問題ではないことを「問題視」しているから

小1プロブレムを筆頭に、教育現場で取り上げられる**「問題」の多くは一部の大人が「問題だ！」と騒いでいるだけ**で、気にしなければそもそも問題ではないことがよくあります。根拠のないことで叱られたりするわけですから理不尽さを感じるのも無理はありません。

たとえば髪形や服装指導。「服装の乱れは心の乱れ」といまだに言う教員がいますが、表面的に同じ格好をしていれば心が整っているとでも言うのでしょうか。むしろ子どもを抑圧することで心が乱れる子どもがいることになぜ気づかないのでしょう。

「○○生らしい身だしなみを」もよく言われますが多様化の時代に優先すべきことはそんなことではありません。地毛証明や下着チェックなどにいたっては人権侵害そのものです。

部活の顧問がよく使う「協調性と忍耐力がなければ社会で通用しない」という主張も疑問です。要は組織人として必要な従順さのことを言っているわけですが、今企業が求めているのは常識や慣習を疑い、主体的に改革に動ける人材のはず。それに今や組織に属さなくても働く手段はいくらでもあります。

文科省が推進している「早寝早起き朝ごはん」国民運動も疑問です。看護師など不規則な勤務を強いられる人、先天的に夜型の人はどうなるのでしょう。

このように、目的を見失った指導は数多くあります。**当たり前だと思っている指導を一度見直すべきかもしれません。**

POINT
目的を見失った指導も多い

お答えしましょう！

子どもにとって本当に必要な指導はなにか、各現場での吟味が必要です。

■従来の校則や指導の吟味

厳しい指導をする教員も「それが伝統だから」という、目的を見失った理由で指導してくることがよくあります。

KEYWORD

地毛証明……黒髪や直毛ではない生徒に証明書を提出させる制度。明らかな人権侵害。

校則は自由化していくべきなのでしょうか？

POINT
自由化は目的ではなく結果

全員が納得できるルールをつくることが重要

「校則は自由になるべきだ」といったような主張をたまに耳にします。しかし、**「自由化」は目的にすることではありません**。校則づくりで最優先すべきは「他の人の自由を侵害しない方向で当事者全員で決めること」。自由化はこの目的を実現しようとするプロセスを通して得られるものであってほしいと思います。

たとえば、前職の中学では校則づくりの権限を生徒会とPTAに譲りました。「学校は校長のものでも教員のものでもなく、生徒とその保護者のものだ」という私なりの考え方に基づき、教員の同意も得た上で行ったプロジェクトでした。そしてルールづくりの第1弾として、最も関心の高かった制服着用義務の見直しに取り組んでもらいました。結果的には私服の着用が認められましたが、このとき新たにブレザーの標準服をつくることが決まりました。

なぜこのようなルールにたどり着いたかというと、調査の結果、制服がなくなると経済的にも困る生徒や保護者がいることがわかったからです。冬の私服は重ね着なのでお金がかかります。毎朝着る服を考えるのが面倒という子どももいました。かといって従来の詰め襟では首まわりがかぶれて困る生徒がいたので、機能的で卒業後も使えるブレザーに変更したのです。

ちなみに、プロジェクト開始から新ルールの導入まで3年かかっています。**誰も置き去りにしないように対話を重ねていくことは簡単ではありません。**

お答えしましょう！

何でも自由にすればいいというわけではありません。自由化は目的ではないのです。

■「校則は自由化されるべき」の誤解

自由化が目的になってしまうと、置き去りになってしまう人に気づけない恐れがあります。また、校則だけでなく、家庭のルールを子どもに決めさせることも成長につながるでしょう。

KEYWORD

校則づくり……対話によって校則を見直す取り組みは、NPO法人カタリバの「みんなのルールメイキングプロジェクト」などでも行われている。

不登校は高校受験で不利になるのでしょうか？

私立はほぼ無関係。公立も露骨な不利とならない

不登校の中学生やその保護者から相談を受ける中でよくあるのが受験に関する相談です。不登校は高校受験に不利になると気にしている家庭もあるようですが心配はありません。

まず、私立の場合は学科試験や面接試験を重視するので、不登校が原因で受験が不利になることは少ないでしょう。

次に、公立の場合は都道府県によって差がありますが、たとえば東京都では欠席日数が多すぎて内申点がつかない場合、それを考慮しないという決まりがあります。通常、都立高の受験では学科試験7割、内申点3割で評価されますが、それが学科試験10割になります。**不登校というだけで受験は不利にはなりません**。その他の道府県でも不登校が露骨なハンデになるところはまずありません。逆に不登校だった子どもを積極的に入学させる学校もあります。

もちろん、学習面での不安もあるでしょう。しかし、今は優れたデジタル教材がたくさんあります。学校で3年かけて学ぶ内容でも、学び直しに3年かかるわけではないのです。そのため、過剰に心配する必要はありません。教員とも相談して、学習の選択肢をたくさん用意できるとよいでしょう。

そもそも、高校受験にこだわる必要もありません。今はN高のような通信制高校もありますし、高校に通わずとも高卒認定試験に合格すれば大学受験ができます。**いくらでも可能性はあるので、焦らずに子どものペースを大切にしてください。**

POINT
選択肢はいくらでもある

お答えしましょう！

入試において不登校のハンデはほぼありません。進路の選択肢もたくさんあります。

■「不登校は高校入試で不利」はウソ

内申点がつかなくても不利になることはほとんどありません。学力検査で評価されることになるので、学習面の選択肢をたくさん用意して、サポートしてあげるとよいでしょう。

KEYWORD

高卒認定試験（高等学校卒業程度認定試験）…… 旧大学入学資格検定（大検）。16歳以上なら誰でも受験可能。合格すれば、高校に行かなくても18歳で大学受験ができる。

内申書を意識する必要はあるのでしょうか？

POINT
内申書は子どもの長所を書くもの

「内申書に書くぞ」という脅しはアウト

東大の中村高康教授が行った調査によると、**内申書（調査書）にどんなことが書かれるのかを意識して学校生活を送っている中学3年生の割合が8割にのぼる**そうです。「いい生徒」と評価してもらうために生徒会に立候補し、教員にへつらい、授業中に積極的に手を挙げる。「主体的でよいのでは」と思われるかもしれませんが、本書でいう主体性は大人に忖度して先回りすることではありません。

しかも同調査では、教員から「内申書に書くぞ」と言われた子どもが15・5％もいたそうです。脅しとして使われたのであれば大問題なので、すぐに教育委員会に報告してください。

そもそも**内申書は志望校にその子を最大限アピールするための資料**です。私が担任をしていたときは「内申書に君のどんなよさを書いてほしい？」と子どもに聞いていたものです。

内申書のフォーマットは都道府県によって異なります。中でも広島県教育委員会は先進的な取り組みをしています。「先生にどう見られるかではなく自分でどう思うかが大事」という理念から活動の記録を廃止。さらに、不登校の子どもの不安材料となる欠席日数の記載も廃止しました。残っているのは「学習の記録」だけです。その代わりに公立高入試当日に面接形式で自己アピールをする機会（自己表現）を新たに設けています。

このような取り組みが広がることにより、内申書が子どもを管理する道具として使われないようにしてほしいものです。

お答えしましょう!

内申書を盾に行う指導は正しいとはいえません。書くべきことは子どもの長所です。

■内申書（調査書）は簡素化の方向へ

出席や欠席、活動の記録などの記載がなくなっている自治体があります。成績のみを記載し、学校での活動ではなく、その子のよさそのものを最大限評価する取り組みです。

KEYWORD

内申書……生徒一人ひとりの成績や学校生活について記載された書類。中学校の教員が作成し、受験する高校に提出される。正式名称は調査書。

「学年」というくくりは本当に必要なんですか？

POINT
年齢に紐づける必要はない

教育が「修得主義」に変われば学年の概念も変わる

学年という区分自体は問題ないのですが、学年が年齢と学習内容に紐づいている日本の義務教育制度は再検討の余地があると考えます。現在、文科省が進める学校制度改革の議論でも「履修主義」と「修得主義」が大きなテーマになっています。

日本の義務教育が採用しているのは履修主義。理解度に関係なく、年齢に応じて「あなたは履修済みです」と認定する制度です。それに対して**修得主義は、子どもの理解度に応じてお墨付きを与える制度**です。

履修主義の一番の問題は子どもの成長や特性のバラつきを一切無視していること。それが授業についていけず困る子どもと、授業が簡単すぎて困る子どもの両者を生み出す原因となっています。制度に慣れてしまうと違和感を持ちづらいですが、実は非常に非合理的な制度なのです。

たとえば、アメリカの義務教育は修得主義なので年齢＝学年ではありません。留年も飛び級、飛び入学も普通にあります。海外から来た子どもが転入する際には「学年の希望はありますか？」と必ず聞かれます。その子のレベルに応じた教育を与えることが当たり前だと考えているのです。

実際にどんな制度がベストなのかはまだ議論が必要で、すぐには制度は変わらないでしょう。「**授業についていけない**」「**もっと難しい勉強がしたい」という子どもへの支援は必要**です。制度が変わるまでは、個別に対応しましょう。

お答えしましょう！

その子のレベルに合った学びができる環境を当たり前にしたいものです。

■「履修主義」と「修得主義」の違い

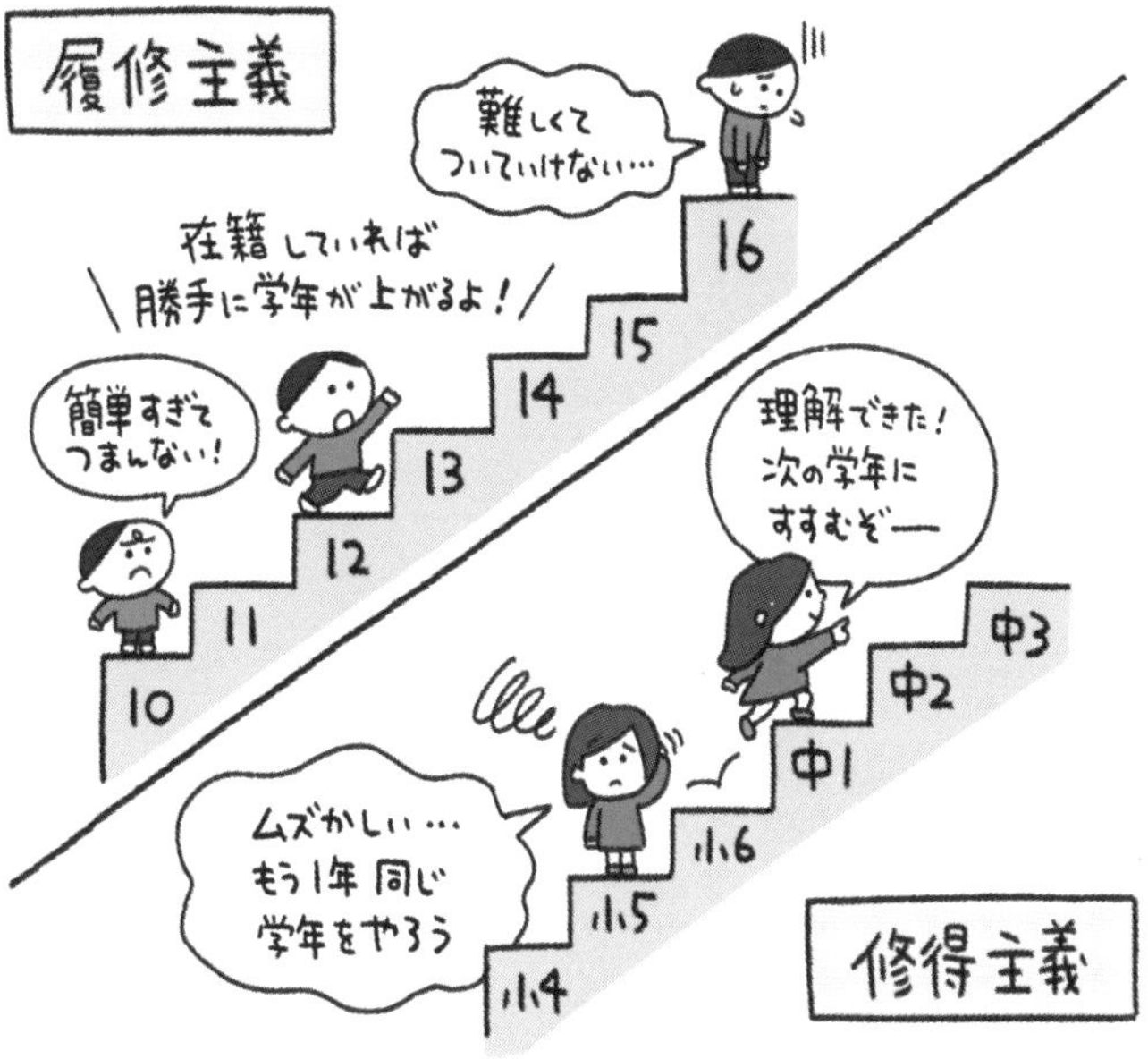

日本の教育の大きな特徴である「履修主義」では、難しくてついていけない子やもっと難しい内容に取り組みたい子が必ず出てきてしまいます。

KEYWORD

飛び級…… 日本でも通常の年齢より早く学校に入学する飛び入学を実施している大学が10校あるが、累計入学者数はたったの152名（2023年5月時点）。一方アメリカは毎年約20万人が18歳未満で飛び入学している。

推薦入試や総合型選抜は今後も増えますか？

POINT

入試の形は大きく変わっている

少子化で大学は学生確保に必死

推薦などで学力試験を受けずに進学できるような人は一部。進学のためにはひたすら塾に通って勉強が必要。**そんな時代は終わりをむかえています。**

いわゆるペーパーテストを受けずに大学に入学する**学校推薦型選抜と総合型選抜の割合が、2022年にはじめて一般選抜の割合を超えました。**私立のほうがその割合は高いですが、たとえば東北大学は募集人員の3割が総合型選抜です。

その背景には学力だけで評価しきれない社会貢献意欲の高い学生や特異な才能を持った学生を評価しようという趣旨も当然あるでしょう。しかしながら、とくに学校推薦型に関しては18歳人口が今後も減り続けるなか、早い段階で学生を囲い込みたいという大学側の思惑があります。

自分の興味・関心を突き詰める。海外に留学する。新たにコミュニティを立ち上げたり、起業をしたりする。やりたいことがわからないなら、自分探しのために様々な社会活動に参加する。**こうした体験の積み重ねこそが、その子の評価の対象になります。**

私も教員たちには「進学実績をつくるための学力偏重の教育はするな」と口をすっぱくして言っています。優先すべきは、子どもたちに学びたいことや、やりたいことを見つけてもらうこと。そして、その体験を徹底的に支援することです。受験指導はあくまでその一環で行うことであり、目的ではないと思っています。

お答えしましょう!

自分のやりたいことを突き詰めて、体験を積み重ねていくことが評価される時代に。

■一般選抜は少数派に

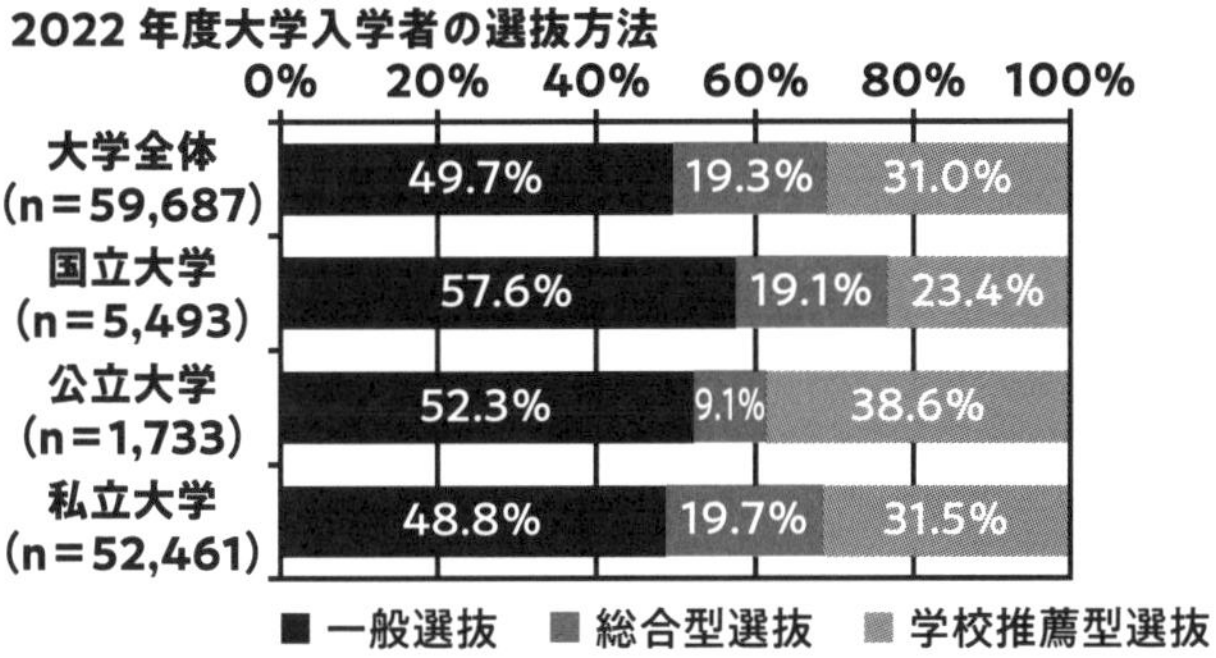

出典：文部科学省「大学入学者選抜の実態の把握及び分析等に関する調査研究」より作成（nはサンプル数）

総合型・学校推薦型選抜の割合は年々増え、ついに一般選抜が少数派になりました。

KEYWORD

総合型選抜……旧AO(アドミッションズ・オフィス)入試。AO入試はアメリカの大学入試の仕組みを参考に慶應義塾大学がはじめて導入。

中学生～高校生の教育

9

大学に入ったら勉強をやめてしまう。これってどうなんでしょうか？

POINT

小中高での教育が重要

何がしたいのかわからない学生が多いから

大学入学までたくさん勉強してきたのに、大学生になると勉強をしなくなる人はたくさんいます。ここには、**大学入学時点で将来何をしたいのかわからない学生が多い**という問題が背景にあると思います。やりたいこともなく、単位が簡単に取れて、企業も成績を重視しないなら、学習意欲が湧かないのも当然です。自分が将来どんな形で社会に関わり、価値貢献したいのか。それを模索するのが小中高の教育だと思います。

もちろん勉強も大切です。しかし、それが受験のためだけならもったいないことです。どんな勉強も社会に役立ててはじめて価値が出るものです。

やりたいことが実現できる環境かどうかを基準に大学や学部を選び、入学したら積極的に社会とつながって夢の実現に向けて行動を起こす。それは学術研究かもしれませんし、社会課題に取り組むことかもしれません。そういった目的意識の高い学生を増やすことが大学受験の本質ではないでしょうか。

現在、偏差値では測れない実践的な学びができるユニークな大学はたくさんあります。たとえば、グローカル（グローバル×地域）教育に力を入れる共愛学園前橋国際大学や立命館アジア太平洋大学、起業家支援に力を入れるデジタルハリウッド大学などです。大学は、偏差値だけでではなく、夢が実現できる環境か否かで選びましょう。

大学入学はゴールではなくスタート。それが当たり前になってほしいと思います。

お答えしましょう！

大学入学前にやりたいことを見つける支援が必要です。やりたいことをベースにした進学が理想。

■日本の大学生の問題は「やりたいこと」がないこと

大学生の将来やりたいことが決まっている割合

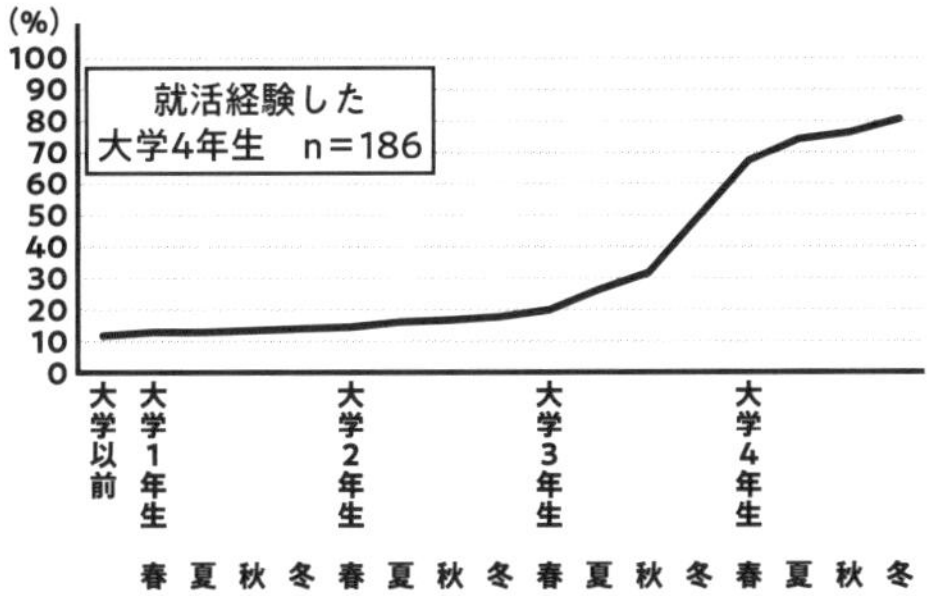

出典：パーソル総合研究所×CAMP共同調査「就職活動と入社後の実態に関する定量調査」より作成

大学のインフラも時間も使い方次第。自分のやりたいことを小中高の段階で見つけることが大切ではないでしょうか。

KEYWORD

グローカル教育…… グローバルとローカルを合わせた造語。地域への意識を持ちながら、時代に合わせたグローバル感覚を身につける教育。

COLUMN

5

日本の部活は忙しすぎませんか？

部活動は学校単位で行い、休日返上で教員が指導にあたる。そんな光景が大きく変わろうとしています。

スポーツ庁と文化庁が策定したガイドラインに沿って、部活動（とくに団体競技）を地域団体に委ねる「地域移行」が2023年度から動きだしています。現在は公立中学校の休日の部活動を段階的に地域に移行していく最初のフェーズ（3年間）で、全国規模で実証研究を行っています。

一番の課題となるのは受け皿ですが、地域スポーツクラブ、NPO、教育委員会、PTA、競技団体、民間事業者など、各自治体が知恵を絞ってさまざまな仕組みを試行中です。

地域移行の目的は大きくわけて2つあります。

1つ目は、**教員の働き方改革のため**。部活動の指導は長時間労働の大きな原因で、しかも適切な対価が支払われない、経験不足なのに教えないといけないなどといった課題を抱えていました。どのみち報酬を支払うなら外部の指導者に任せるという方向性は、子どもの技術力向上にもつながる、合理的な判断かと思います。

2つ目は、**少子化によって学校規模が小さくなっても団体競技が続けられるインフラを整備するため**。これは地方では深刻な問題で、たとえば、野球をしたいのに部が廃部になってできないといった子どもたちを救うことができます。

この地域移行を機に、部活動は何のためにあるのかという議論が盛り上がってほしいと思います。

第 6 章

まだまだあります、教育の悩み

「子どもの将来のために！」

そう思えば思うほど悩みが深くなるのが教育や子育てです。

しかし、完璧な教育、完璧な子育てなど幻想にすぎません。できる範囲で努力をしたら、「あとはこの子の人生だ」と割り切る。それで十分なのかもしれません。

教育の悩み

1

子どもの主体性に任せていたらひたすら怠けませんか？

POINT

子どもなりに反省するものです

その子なりにメタ認知するのをじっと待つ

前職の中学では授業を受けたくない子どもたちのために教室を用意し、自由に過ごさせていました。多くの子どもは自分で課題を決めて勉強をしたり、本を読んだりするのですが、数か月経っても頑なに勉強しない子どもが毎年何人かいました。こうした子どもの中には、学校に対する不信感が強く、「勉強したら負け」「勉強したらダサい」くらいの感覚を持っている子もいます。

でも、そんな子どもでも半年くらい経つと自ら勉強し出します。それどころか教員に質問をしにくる子どもも現れます。その間、教員は何の圧力もかけていません。

自分の行動や考え方を変える自己変容は、「あれ、このままでいいのか？」というメタ認知をすることがきっかけで起きます。第三者から「考え方を変えなさい（勉強しなさい）」と言われて起きることはめったになく、むしろ反発心から余計意固地になるかもしれません。

自分で考え行動する自律した子どもに育ってもらうには、自分を俯瞰的に見つめ、自分で考え行動するというところまで体験してもらうことが欠かせません。それはテストで0点を取り、悔しく思うことかもしれませんし、ゲームのしすぎで朝寝坊をして、周りに迷惑をかけたと自覚することかもしれません。

ここで周囲の大人が意識したいのは、「○○しなさい」と言いたい気持ちをぐっとこらえて、**その子が自己決定する機会をさりげなくつくること**です。

お答えしましょう!

そこで焦って手や口を出すと、いつまでも子どもは自律しません。

■自らメタ認知するきっかけをつくる

本人が「このままでいいのか?」と感じないと、考え方や行動が変わることはまずありません。

KEYWORD

メタ認知…… 自分を俯瞰的に見る力。自分のありのままを受け入れ、メタ認知した上で自己決定を繰り返すことで自律が実現する。

教育の悩み

2

依存気味の子どもは思い切り突き放したほうがいいんですか？

POINT

自律の早さも個性

いきなり放任は逆効果になることも

主体性を奪う子育てや教育をしたつもりはないのに性格的な要因などからなかなか独り立ちしてくれない子どももいます。依存傾向の強い子どもです。

子どもがそのような傾向にあるからといって急に子どもを突き放すような荒治療は避けたほうがいいでしょう。むしろ逆効果になるかもしれません。

というのも依存は不安の裏返しでもあるからです。自分で挑戦したい気持ちはあるけれども、不安が上回って周囲の大人に甘えてしまう。それは性格的なものなので、大人が叱ることでも、イライラすることでもありません。**そんな子どもに自律を促すには「失敗してもいいからね」と子どもの不安を取り除くことが何よりも大切**です。

なかには「自由にしてごらん」と言われた瞬間に一切後ろを顧みずに自分の道を突き進む子どももいますが、必ずしもみんながそうではありません。そうした配慮もなく、いきなり「自力で何とかしなさい」と放置されても子どもは余計不安になり、結局何もできずに自信だけ失う結果になりかねません。

だから私は、主体性を取り戻す作業をリハビリと呼んでいます。自分で決められない子どもには小さな選択肢を与えることから始め、少しずつ負荷をかけ、その感覚に慣れると同時に自信をつけさせることが大切だと思っているからです。

自律の早さも個性です。他人と比べるものではありません。その子に合ったペースでリハビリを続けてください。

お答えしましょう!

獅子が子を崖から落とすような極端なことは避けましょう。

■心理的安全性があるからこそ少しずつ自律できる

主体性のリハビリは、小さい選択肢を与えることから始め、その子に合ったペースで行うようにしています。心理的安全性が保たれた状態でこそ、主体性は取り戻されるのです。

KEYWORD

自律と依存……そもそも、自律とは依存しなくなることではない。

褒め方にコツはありますか？

POINT
結果ではなく過程や取り組みを褒める

褒めることは簡単なことではない

主体性を取り戻すには自己決定が大切ということをお伝えしました。そして、自己決定できるようになるには心理的安全性が欠かせません。この、心理的安全性を高める方法の1つが褒めることなのです。しかしながら、「褒め方」は実に難しいものです。

「よく子どもを褒めているよ」と思っている方はぜひ一度、褒めた体験を振り返ってみてください。成績が伸びてえらい、優勝できてすごい、上手にできたね…と結果を褒めていませんか。

「結果」を褒め続けられた子は壁にぶつかったときに「自分にはできない」と諦める傾向があります。成功に固執し難しいことを避けたり、得意なことに逃げてしまったりすることで、主体性を失ってしまう可能性があります。

ポイントは、成功したときも失敗したときも同じ温度感で、そこに至る「プロセス」を褒めてあげることです。その積み重ねが、「失敗しても大丈夫」「チャレンジが認められる」という子どもの心理的安全性につながります。

結果でなく、プロセスを褒めることは意外と難しいと思います。褒める視点は様々ありますが、日ごろから子どものチャレンジの様子をしっかり観察する必要があります。

プロセスを褒め続けられた子は、壁にぶつかっても「工夫不足だった。今度はこんな工夫をしてみよう」と努力するようになります。

お答えしましょう！

結果でなくプロセスを褒めることで、子どもの心理的安全性を高めることがポイントです。

■プロセスを褒めることが大切

「もう少しだったね」も結果にとらわれた言葉です。成功も失敗も、そこに至るプロセスに褒めるポイントが必ずあります。

KEYWORD

褒める視点……自分で課題を見つけたこと、課題に向かって試行錯誤したことなど。挑戦したことそのものを褒めるのも有効。

教育の悩み 4

トラブルが起こったとき、気をつけるべきことは何ですか？

POINT
支援するために事実を聞き取る

トラブル対応は事実を確認してから

子どもに当事者意識を身につけさせる上で、トラブルを解決させることは非常に効果的です。その中で、大人が必ず行わなければならないことがあります。それは、**事実の確認**です。

事実をつかむ前にトラブル対応を進めてしまうと、正しい情報が出てこずに、誤った認識で指導をして信用を失うという最悪の事態を招く恐れがあります。

事実確認の原則は、①被害者、②観察者、③加害者の順に話を聞くこと。正確な情報で動くために、この順序を心がけてみてください。聞く内容は、いつ、どこで、誰が、何を、なぜ、どのようにという5W1Hで聞くとよいでしょう。①②③で一致する情報を整理してから、指導や対話を進めます。

特に、①の被害者から話を聞くところは曲げられません。自分には話してくれない場合はその子が話しやすい他の人に聞いてもらってもよいでしょう。とにかく、その他の情報源だけで動いてはいけないのです。

事実確認の際のポイントは、**事実確認の最中に問題を解決しようとしないこと**です。途中で指導してしまうと、都合のよいことだけ話したりしてしまったり、話したくないと心を閉ざしてしまったりします。事実確認の目的を忘れずに、中立の立場で冷静に聞いてください。

大人は被害者にとっても加害者にとっても支援者でなければなりません。「しっかり教えてくれないとあなたを支援できない」という姿勢で淡々と聞くことが大切です。

お答えしましょう!

事実を確認してから対応しましょう。支援者として淡々と事実のみを聞くことが大切です。

■事実確認のやり方

トラブル対応は事実確認から行います。①被害者、②観察者、③加害者の順で事実を聞き取り、一致する情報をもとに対話を促すなどの指導を行います。

KEYWORD

5W1H ……「When」「Where」「Who」「What」「Why」「How」をまとめた言葉。過不足のない情報伝達に有効な手法。

教育の悩み
5

子どものウソを見抜く方法はありますか？

POINT
誤った情報に振り回されない

ファクトチェックで情報を吟味する

子どもからの情報が必ずしも正しいとは限りません。何が事実で何がそうでないのかを選別ができないと、誤った情報に振り回され、判断を誤ってしまいます。**ファクトチェックのスキルを身につけることが重要**です。

情報は「事実」「伝聞」「推測」「デマ」の4つにわけることができます。それがさも事実のように語られたとしても、実は「また聞きしただけ」「推測しただけ」、「悪意のあるでっちあげ」の可能性があります。

それを見抜く方法は、**①情報がつくられた目的、②情報の出どころ、③情報の具体性の3つを吟味すること**です。

まず、発信された情報の目的を考えましょう。たとえば、「AさんとBさんがけんかしているの」と言われたとき、けんかの仲裁をしてほしい、単に面白そうで首を突っ込んでいる、などの目的が考えられます。

次に、情報の出どころを調べましょう。「それは実際に見たの？」「どこでどのように聞いたの？」こうした質問をいくつかすれば、大体わかります。

最後に、情報の具体性です。子どもは「Cさんがひどいんだ」などと感情が先行してしまうことも多いです。5W1Hを1つずつ聞いて、具体的な情報に落とし込むことが重要です。

また、インターネットやマスコミなどから発信される情報は歪曲されることも多く、必ずしも正しいとは限りません。情報化社会を生きる子どもにもファクトチェックのスキルを身につけてもらいたいものです。

お答えしましょう!

①情報がつくられた目的②情報の出どころ③情報の具体性の3つを吟味してください。

■一生武器になるファクトチェックのスキル

教育現場の中で日々飛び交う情報は事実とは限りません。目的や出どころ、具体性をきちんと確認することで、正しい情報をもとに行動できるようになるでしょう。子どもにも大人にも身につけてほしいスキルです。

KEYWORD

ファクトチェック……述べられている事柄が事実かどうかを確認すること。得た情報を鵜呑みにしないことが大切。

教育の悩み 6

トラブルを起こしてしまった子にはどんな指導をすればいいですか？

POINT

自律を促すことが大切

事実確認をした後にするべき2つのこと

事実確認をした後にすべきことは2つあります。

まずは、**どんなことが問題なのかを自覚させてあげること**です。ここで叱って伝えることは得策ではありません。問題を自覚せずに叱られた子は、謝ればよいだろうという思考になり、何が問題なのかに目を向けられません。

たとえば、他の子を殴ってしまった子に対して、淡々と事実を聞いた後に、「大けがにならなくてよかった」と切り出し、これからもっと大きくなって力がついたらどうなるのかを話し合います。大けがをしたり、命に関わったりしてしまうことをわかってもらうのです。少年院や裁判の話をしてもいいかもしれません。脅しのためではなくて、社会の仕組みを教えることで、自分の行動の問題点を知って自分を守るためです。怒っても手を出さないということを学びにしてもらいます。

次に、**よくない行動を止めるのは自分しかいないということを自覚させてあげること**です。どんな人間でもストレスがピークになるとよくない行動を制御できません。その前に心を制御することが必要です。

よくない行動は、周りの大人がやめろと言ってやめられるわけではありません。自分の中で、「感情をコントロールしないといけないんだ」とメタ認知する必要があるのです。「やめなさい」という命令をやめ、未来の自分を想像させるタイムマシン・クエスチョンをすることをおすすめしています。

お答えしましょう!

何が問題なのかということと、問題行動を止めるのは自分しかいないということの2つを自覚させましょう。

■事実確認の後にするべき指導

ここでも叱りつける必要はありません。上の2つの内容をメタ認知してもらうことが大切なのです。

KEYWORD

タイムマシン・クエスチョン……時間を超えて、未来を想像してもらう言葉かけの手法。大人になった自分から逆算して問いかけることで、自分の行動を客観視してメタ認知でき、「当事者意識」が生まれる。

大人の責任としては子どもを叱ることも必要ではないですか？

必要な場合もあるが、叱りすぎにならないように

トラブル対応では、子どもを頭ごなしに叱らないことが大切ですが、叱ることを否定するわけではありません。命に関わることなど、重大な問題の場合は迷わず叱る必要があります。

しかし、本来なら**叱る必要のないことまで叱ることや、大人の感情コントロールが未熟なせいで怒ることが日常になっていることは問題**だと考えています。命令され続けることで主体性が奪われる、納得できないことで怒られ、学校や大人が嫌いになることが考えられます。

それを避ける方法として全国の学校や家庭に勧めているのは、子どもに関わる大人たちの間で叱る対象に優先順位（叱るものさし）をつけること。**「きつく叱るべきこと」「軽い注意で留めること」「自主性に任せるべきこと」に分ける**のです。実際に教員研修で使った資料を掲載するので参考にしてください。

また、みんなを平等に叱る必要はありません。発達や特性に応じて、優先順位を変えてあげましょう。同じものさしでは叱られっぱなしの子どもが生まれてしまいます。叱られてばかりだと心理的安全性が低下し、主体性は奪われていきます。

しかし、「僕は叱られたのにあの子は叱られないなんて不平等だ」と言う子が出てきます。そんなとき、私は「みんなを平等に大切に育てたいから、選んで叱っているんだよ。」と話します。成長や特性は人によって違うので、その子にとって上位のものを叱るという「平等」が大切だと思います。

POINT
「叱るものさし」を用意する

お答えしましょう！

本当にダメなことは何かを伝えるためにも、強弱をつけることが大切です。

■「叱るものさし」で優先順位を考える

○　①コンビニで万引きをした

■　②学校にお菓子を持ち込んで食べた

△　③放課後、係の仕事をさぼって黙って下校した

◎　④4階の教室のベランダの柵にまたがって友だちと遊んだ

■　⑤授業中に寝た

○　⑥一人の友だちを数人で無視し続けた

△　⑦他の人が話をしているのに大声で騒ぐ

■　⑧違反の服装で登校した

◎	命に関わること
○	犯罪・人権侵害
△	迷惑行為
■	それ以外

命に関わることや犯罪・人権侵害は迷わず叱りますが、その他は叱ることが必ず必要ではなく、他の指導方法があると思います。■の「それ以外」で叱りつけている様子を見かけますが、他の事柄とはレベルがまったく異なります。自己解決のための支援が必要です。

KEYWORD

叱ると支援……重大な問題なら叱る必要があるが、叱られた子は心理的安全性が低下する。重大でない問題なら、自己解決のために支援をするべき。

教育の悩み

8

子どもがひきこもってしまい、状況が好転する気配がありません……

POINT

不登校状態が安定してしまっている

学校ではなく、社会に適応するための支援をする

不登校状態にある子どもは全国に約30万人いると推定されています。何とか学校に復帰させようと試行錯誤を繰り返して、それでも学校に戻れないと悩んでいる保護者の方や先生はたくさんいらっしゃいます。

この**「不登校の子どもを学校復帰させる」という認識を大きく変えてほしい**と考えています。最も大切なのは、子どもが社会に適応できることです。

学校に行くことは将来大人になるための「手段」の一つにしかすぎません。そもそも外国では、日本のように不登校という問題はありません。たとえば、アメリカでは就学義務がありません。学校以外の居場所がたくさんあり、自分なりの学びができる場所を確保しています。私は、「手段」である学校に行くことにとらわれて子どもを苦しめ、周囲も学校に行かせようと苦しんでいる構図こそが大きな問題だと考えています。

不登校が問題であるという考え方のせいで、不登校状態にある子どもは常に劣等感でいっぱいです。保護者も同じように子どもが不登校であることに悩み、自分たちのことを責めています。この、保護者の苦しみによって、子どもはさらに自分を責め、事態は悪循環に陥ります。

最初にやらなければいけないことは、保護者が**不登校を問題と捉えないこと**です。大検や広域通信制高校など、学べる場はいくらでもあります。「学校に行かなくても別にいいんだよ」と家庭を安心できる場所にしてほしいと思います。

お答えしましょう!

社会に適応できれば、無理に学校に行かせる必要はありません。学校に行くことはあくまで「手段」なのです。

■硬直化した状態を崩す方法

不登校が問題であるという認識により、学校に行けない子どもとその保護者は苦しみ、負の連鎖が起きています。考え方を転換し、「学校に行けなくても大丈夫」と家庭を心理的安全の場にできるとよいでしょう。

KEYWORD

就学義務…… 日本では、日本国民である保護者に対し、子に小学校6年間、中学校3年間の教育を受けさせる義務を課している。

教育の悩み

9

中学生の子どもが反抗的で手を焼いています……

POINT

反抗期の子どもは心理的安全性を求めている

「間接的に褒める」ことがコツ

小学校高学年くらいから始まって、長い子は高校生くらいまでつづく第2次反抗期。反抗期の子どもは基本的に自己肯定感が低い状態にあり、周囲の大人に対する不信感もピークに達しています。ストレス状態にさらされ、心理的安全性はとても低い状態です。そこを力でねじふせようとしても余計反発されるだけ。そうかといって子どもをおだててみても、子どもには意図を見透かされてしまいます。だから難しいわけですね。

私がよく保護者におすすめするのは**第三者を介して子どもを褒めること**です。

たとえば、母親が子どもに「そういえば昨日の夜、お父さんがあなたのこと褒めてたよ」と言ってみる。「え、何を?」と子どもは言うかもしれませんが、「よくわからないけど」で濁せばOK。つくり話でも構いません。

反抗期の子どもが身近な大人に反発するのは、自分一人では気持ちの整理がつかず、ストレスや不安のはけ口がそこにしかないから。本当は心理的安全全がほしくてたまらないのです。だから、子どもがウソ臭さを感じにくい間接的な褒め言葉は強烈に心に刺さります。「何だ、自分は認められているんだ」という安心感です。

私はこれを保護者面談の翌日などにも使っていました。「あ、そういえば昨日お母さんと面談したけどあなたを褒めていたよ」とさりげなく言います。それがきっかけで親子関係が改善した例を何度も見ています。

お答えしましょう!

反抗期の子どもは精神が不安定。安心感を与え、辛抱強く待ちましょう。

■思春期・第2次反抗期の子どもとの接し方

逆効果
正面からぶつかる
○○しなさい!
うるさい!!
効果薄
過度にすり寄る
よくできたね!
すごい!えらい!
なんかきもちわるい……
効果有
間接的に褒める
そういえばきのうお父さんがあなたのこと褒めてたよ〜
え、そうなの?

反抗期と自己肯定感の低さは密接な関係があります。間接的に褒めることで安心感を持たせましょう。

KEYWORD

第2次反抗期……身体や心の変化が原因といわれている。自律、親離れのきっかけになることが多い。

教育の悩み

10

フリースクールを検討しています。注意すべき点はありますか？

POINT

経済的負担は大きな課題

どれくらいの教育費がかかるのか事前に計算を

フリースクールのデメリットは学校教育法が定める法的な学校（一条校）ではないことです。そのため学校の卒業資格がもらえません。しかし、より大きなデメリットは**公的資金援助がないことで生じる経済的負担**です。

自治体単位でフリースクールに資金援助をしているところもあるものの、授業料は基本的に全額自腹で交通費、教材代、昼食代など細かい出費もあります。フリースクールに通う世帯の平均年収は、全国の世帯の平均年収より高い傾向という調査もあり、通わせたくても通わせることができない家庭もあります。

N高のような広域通信制高校は、授業料自体はそこまで高くはありませんが、学校によっては2つの学校に在籍する必要があるために想定外の出費が生じることはよく聞く話です。最終的にどれくらいの教育費がかかるのか事前に計算してみるといいでしょう。

インターナショナルスクールに関してはフリースクールの一種という解釈が一般的ですが、最近は一条校に認定されたインターナショナルスクールが首都圏を中心に増えています。しかし、ご存じのように高い学費を支払える家庭は限られています。

近年では、既存の枠組みにとらわれずに先進的な教育を取り入れる、オルタナティブスクール（もう1つの学校）がたくさん生まれています。**今後は、様々な形態の学校の中から家庭の経済的事情を気にせず学校を選べる社会になってほしい**と考えています。

お答えしましょう！

法的に学校と認められておらず、卒業資格が取れないことに注意しましょう。

■フリースクールは「法的な学校」ではない

フリースクール等に対する財政援助は、国レベルでは行っていませんが、自治体レベルで行っているケースがあります。

KEYWORD

日本のインターナショナルスクール……日本の学校としての卒業資格はないものの、国際バカロレア（IB）、ケンブリッジAレベルなど海外のカリキュラムに沿っていて、海外の大学の入学資格を取得できる学校が多い。

教育の悩み

11

学校のやり方に納得できないとき、親として何ができるでしょうか？

POINT

保護者発信の学校改革は難しい

「積極的な逃げ」はまったく問題なし

子どもが通う学校が多様性に欠け、子どもが苦しんでいるなら、転校やフリースクールなどの「積極的な逃げ」はまったく問題ないと思います。たとえば、広域通信制高校のN高は（併設のS高と合わせて）生徒数約２万７０００人の日本最大の高校です。２０１９年に開校したN中等部もすでに日本最大級の約１３００人が在籍しています。

10年前ならあまり表立っては言えないことでしたが、日本型教育の穴を埋める民間サービスがこれだけ普及したことで確信を持って言えるようになりました。学校に通うことにこだわる必要はありません。文科省も「不登校は問題行動ではない」と示していますし、学校外での学びも義務教育の一種であると認められる社会になりました。

もちろん、私が望むのは全国の学校が多様性と共存の場に変わり、子どもたちが喜んで学校に通う社会に変わることです。

しかし、残念ながらそれは何年も先のことかもしれません。とにかく、**子どもの幸せや個性、主体性を犠牲にしてまで学校に通う必要はありません。**

「保護者から働きかけて学校を変えようと思うが…。」と相談を受けることがよくありますが現実的ではありません。学校改革は教育委員会や学校発信ではないと中々できません。

今の学校からどうしても逃げることができない場合は、**徹底して家庭を心理的安全の場にしてあげてほしい**と思います。

お答えしましょう!

子どもの幸せや個性、主体性を犠牲にしてまで学校に通う必要はまったくありません。

■フリースクールやホームスクーリングは「積極的な逃げ」

学校に居場所がなく、つらい思いをしているからと他の選択肢を取ることはまったく問題ではありません。「積極的な逃げ」を活用して、子どもの幸せを犠牲にしないようにしてほしいものです。

KEYWORD

義務教育…… フリースクールに通わせることが親の就学義務違反かどうかでポイントになるのは、学校で学びたいという子どもの意思。学校に行きたいのに行かせないのはアウト。

COLUMN 6

学校選びのコツを教えてください

学校選びはたしかに難しいと思います。公立学校は校長次第で教育方針が180度変わることがありますし、私立も個性的な学校がたくさんあるので、子どもにベストマッチな学校を見極めるのは苦労されると思います。

一番いいのは子ども自身が在校生や最近卒業した生徒と直接会って、リアルな話を聞くことかと思います。ネットでもある程度情報は集められますが、古い情報が多いので注意が必要です。学校説明会やオープンキャンパスで在校生と話せる機会を設けている学校もあるので活用してみてはどうでしょう。

また、どの学校でも学校のウェブサイトには教育理念（最上位目的）やその学校が重視しているコンピテンシーやユニークな活動などが書かれています。ぜひ確認してみてください。

ただし、ウェブサイトに目標や理念が書いてあるからといって、それが具体的な仕組みとして現場に落とし込まれているかどうかはわかりません。ときには学校で行っている活動と教育理念が矛盾しているのではないかと感じることもあるかもしれません。そうした疑問を解消する場が学校説明会なので、遠慮することなく教員に質問してみてください。教育理念を考え抜き、その実現のために教員一同で知恵を絞っている学校であれば、若手の教員であってもその疑問に答えられるはずです。

逆に答えられない場合や説明が体系立っていない場合は、教員がそれぞれの価値観に従ってバラバラの教育を行っている可能性があり、注意が必要です。

おわりに

教育改革のこれから

私が少年時代に受けた日本の教育は、現代のブラック校則が些末なことに感じられるほど理不尽極まりないものでした。生徒の前で「弱者救済、平和主義」と政治的理想を語りながら、暴力や人権侵害を繰り返す教員たち。それがまったく問題視されないどころか「あの先生は教育熱心だ」とチヤホヤされた時代で、子どもは逃げ場がありません。私の義務教育の思い出は、怒りに震えながら理不尽に耐えることでした。

それと比べると今の学校はだいぶ優しくなりました。生徒に手を出した教員は暴行罪で書類送検されるようになりましたし、度をすぎた指導はすぐにＳＮＳで拡散して炎上する時代になりました。もちろんいまだに高圧的な指導をする教員はいますが、全体で見れば面倒見のよい先生が増えていると思います。

でも、**今はその面倒見が行きすぎるあまり過干渉となって、知らず知らずのうちに子どもの主体性と当事者意識を奪っている。**家庭も含め、これが今の日本の教育の現状でしょう。

教育の一番の目的は個人としての主体性と社会の中での当事者意識を育てることですから、そういう意味で日本の教育改革は根本から見直さなければいけません。「子どもに教育機会を与える」「子どもの人権を守る」というベースを大事にしながらも、目指すべきことは「子どもの自律を促す」と「子どもに民主主義（多様性と共存）を教える」です。こうした視点で見れば、北欧諸国などと比べると半世紀くらいの遅れがあるのも事実ですが、**教育の最上位目的から考える大人が増えていけば、きっと日本も変わることができる**と信じています。

改革の機運はしっかりと感じています。たとえば、本書の企画と編集を担当してくださった三本木健浩さんは教員免許を持つ若き編集者。日本の教育制度に対する課題意識が強く、教員になる前にまずは教育を客観的に眺めてみたい、そして出版を通して自分にできることをやってみたいといった想いでＧａｋｋｅｎに入社されたそうです。実に頼もしい限りです。

三本木さんのように教育のあり方に関心を持つ若者が、教員の道以外にも、教育系スタートアップやオルタナティブスクール運営など多方面で活躍しているように、改革というものはその必要性を感じた人が自分の置かれた立場でできることをやっていくことで、じわじわと、でも確実に広がっていくものだと思っています。

そもそも教育改革は短期間で成し遂げられることではありません。制度的な改革はトップダウンで一気に動くこともありますが、**最終的には子どもと直接関わる一人ひとりの大人の意識によるところが大きい**のです。

たとえば、生徒、保護者、教員一同で6年の年月をかけて改革を行い、民主的な学校のモデルとなることを目指した前職の公立中学校は、今では従来の管理型教育の中学校に逆戻りしたと聞いています。私のもとにも在学生の保護者やＯＢからたくさんのＳＯＳが届いています。心情的にはもちろん残念ですが、すでに公務員を定年退職した私が直接介入することではないと思います。今の私にできることとして、横浜創英を世界標準の教育を実践する中高一貫校に改革し、日本中の教育関係者が視察に訪れるようなモデル校とできるよう尽してきました。地域の課題はあくまでも当事者である地域のみなさんで話し合い、解決することだと思っています。

もしそれで解決できたとしたら、それがまた教育改革の前例となって他の地域にも波及していくはずです。相手は議会や教育委員会ですから決して簡単なことではありませんが、教育改革に理解のある首長、教育長、校長が現れるのを待つこと以外にも各自でできることはきっとあると思います。

最後になりますが、本書の執筆は私が全幅の信頼を置くブックライターの郷和貴さんにお願いをしました。また、よしださやかさんにご制作いただいた素敵でわかりやすいイラストで、本書をより魅力的なものにすることができました。その他、本書の制作に携わっていただいたすべての方に感謝申し上げます。

工藤勇一

参考文献

- 『OECD　Education 2030 プロジェクトが描く教育の未来』
  著者：白井俊（ミネルヴァ書房）
- 『子どもたちに民主主義を教えよう―対立から合意を導く力を育む』
  著者：工藤勇一、苫野一徳（あさま社）
- 『15 歳からのリーダー養成講座』
  著者：工藤勇一（幻冬舎）
- 『麹町中学校の型破り校長　非常識な教え』
  著者：工藤勇一（SB クリエイティブ）
- 『最新の脳研究でわかった！　自律する子の育て方』
  著者：工藤勇一、青砥瑞人（SB クリエイティブ）
- 『自律と尊重を育む学校』
  著者：工藤勇一、小林弘美、菅原千保子、関根奈美江、加藤智博、戸栗大貴、松島亜矢（時事通信社）
- 『学校ってなんだ！　日本の教育はなぜ息苦しいのか』
  著者：工藤勇一、鴻上尚史（講談社）
- 『麹町中校長が教える　子どもが生きる力をつけるために親ができること』
  著者：工藤勇一（かんき出版）
- 『きみを強くする 50 のことば』
  著者：工藤勇一（かんき出版）
- 『学校の「当たり前」をやめた。　生徒も教師も変わる！　公立名門中学校長の改革』
  著者：工藤勇一（時事通信社）
- 『考える。動く。自由になる。―15 歳からの人生戦略』
  著者：工藤勇一（実務教育出版）
- 『「目的思考」で学びが変わる　千代田区立麹町中学校長・工藤勇一の挑戦』
  著者：多田慎介（ウェッジ）
- 『学校の未来はここから始まる　学校を変える、本気の教育論議』
  著者：木村泰子、工藤勇一、合田哲雄（教育開発研究所）
- 『タイムマシン心理療法　未来・解決志向のブリーフセラピー』
  著者：黒沢幸子（日本評論社）
- 「高校入試制度と学校生活に関する調査」
  研究代表者：中村高康（東京大学大学院教育学研究科教授）

監修者：工藤勇一（くどう・ゆういち）
元横浜創英中学・高等学校長。
1960年山形県鶴岡市生まれ。東京理科大学理学部応用数学科卒業。山形県公立中学校教員、東京都公立中学校教員、東京都教育委員会、目黒区教育委員会、新宿区教育委員会教育指導課長等を経て、2014年から2020年3月まで千代田区立麹町中学校長を務め、宿題廃止・定期テスト廃止・固定担任制廃止等の教育改革を行い、教育関係者やメディアの間で話題となった。
主な著書に、『学校の「当たり前」をやめた。 生徒も教師も変わる！ 公立名門中学校長の改革』（時事通信社）等、ベストセラー多数。

STAFF
表紙・本文イラスト／よしださやか
表紙・本文デザイン／山之口正和＋齋藤友貴
ライティング／郷和貴
DTP ／株式会社四国写研
編集協力／高木直子

家庭・学校・社会 みんなに知ってほしい
教育について工藤勇一先生に聞いてみた
2024年5月7日　第1刷発行

監修者　工藤　勇一
発行人　土屋　徹
編集人　代田　雪絵
編集担当　三本木　健浩
発行所　株式会社Gakken
〒141-8416 東京都品川区西五反田2-11-8
印刷所　中央精版印刷株式会社

●この本に関する各種お問い合わせ先
・本の内容については、下記サイトのお問い合わせフォームよりお願いします。
https://www.corp-gakken.co.jp/contact/
・在庫については　Tel 03-6431-1201（販売部）
・不良品（落丁、乱丁）については　Tel 0570-000577
学研業務センター　〒354-0045 埼玉県入間郡三芳町上富279-1
・上記以外のお問い合わせは　Tel 0570-056-710（学研グループ総合案内）